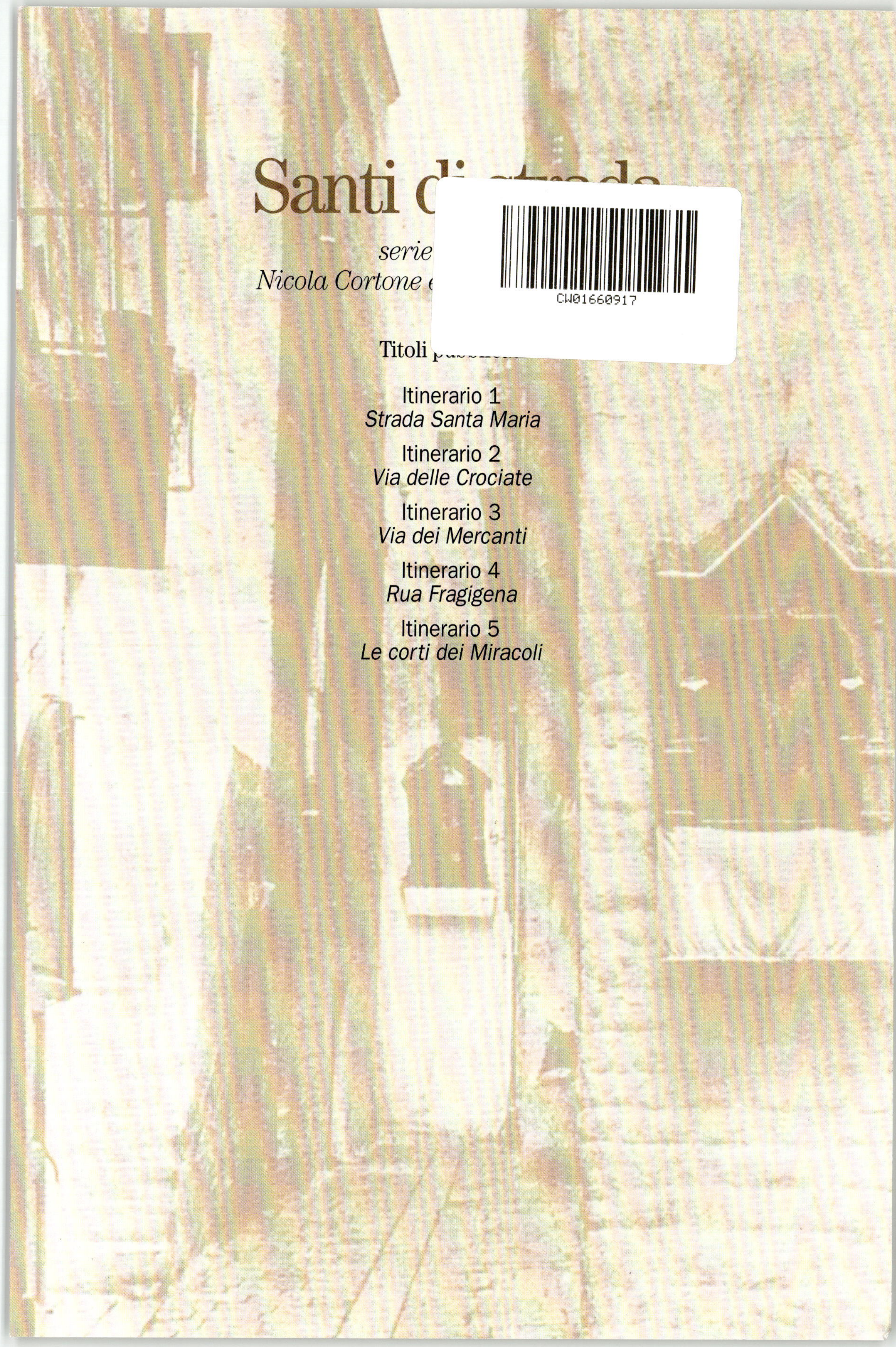

Santi d…

serie …
Nicola Cortone e …

Titoli p…

Prima edizione 2003

Si ringraziano
per la collaborazione:
Nicola Ancona, Franco Bux, Angela Colaianni,
Michele Lorusso, Vito Macinagrossa,
Angela Milzi, Nicola Rondinone
e la gente di Bari vecchia!

Il presente volume è stato pubblicato
anche grazie ai contributi
di Ferrotramviaria spa
(Ferrovie del Nord Barese)
e dell'Università degli Studi di Bari.

Santi di strada

Le edicole religiose della città vecchia di Bari

Itinerario 5 Le corti dei Miracoli

a cura di
Nicola Cortone e Nino Lavermicocca

fotografie di Elio Sciacovelli

Edizioni B.A. Graphis

pagina

Finito di stampare nel Novembre 2003
da Ragusa Grafica Moderna - Bari

ISBN 88-86864-97-3

Prefazione

di Giorgio Otranto

Con questo quinto volume si completa la fortunata serie *Santi di strada* curata da Nicola Cortone e Nino Lavermicocca, due appassionati cultori della storia e delle tradizioni baresi, soprattutto della città vecchia. Grazie al loro impegno e al loro amore per la città, sono stati ricostruiti eventi, figure, ambienti della storia barese, partendo da quei piccoli monumenti, quasi sempre di matrice popolare e popolareggiante, che sono le edicole votive. Le quali, come già notavo nel primo di questi volumi, per la somma dei valori di storia, socialità, cultura e religiosità che esprimono, costituiscono una interessante pagina del vissuto cristiano quotidiano, tradizionalmente emarginato dalle grandi ricostruzioni storiche. La storiografia cristiana, infatti, predilige soffermarsi sui grandi personaggi, su eventi importanti e sul *prescritto* piuttosto che sul *vissuto* cristiano, che, soprattutto in passato, era una dimensione abituale della quotidianità. E così, oggi, si tende generalmente a fare la storia delle idee e del *prescritto* religioso, forse non considerando adeguatamente che il cristianesimo deve la sua vitalità e la sua sopravvivenza, ormai bimillenaria, alla dimensione del *vissuto*. E il *vissuto* ci aiuta sicuramente più del *prescritto* a ricostruire l'identità cristiana di un gruppo, di una comunità, di un'area.

Come ho già avuto occasione di rilevare in altra sede, grazie all'intenso e singolare rapporto tra i santi e le madonne da una parte e gli abitanti della città vecchia dall'altra, l'edicola è diventata un punto di aggregazione sociale, soprattutto nelle corti, giacché la sua collocazione determina il coordinamento e l'uso di spazi di pubblica utilità e direi che finisce col creare una sorta di solidarietà tra tutti coloro che si «riconoscono» nello stesso santo. Questo sentirsi del «gruppo» è un fatto che svanisce molto lentamente: per alcuni che si trasferiscono in altri quartieri della città, i festeggiamenti per un santo o altre iniziative assunte dall'originario «gruppo» di appartenenza costituiscono un forte richiamo e un'occasione da non perdere per rinnovare vecchi legami con gli uomini e coi santi, nell'intima convinzione che questo continuerà ad assicurare assistenza e protezione anche a distanza. Si tratta di un rapporto vivo, intenso, personale, radicato nel bisogno di trascendente che è proprio dell'uomo, che si traduce in atti cultuali, devozione, fedeltà al proprio santo.

In tutto questo ritengo che non ci sia opposizione al culto ufficiale, per intenderci a quello che ho chiamato *prescritto*, ma solo superamento o tentativo di superamento di certi rigidi schematismi, non congeniali alla propria sensibilità, e ricerca di un proprio spazio e di una propria autonomia nella sfera del sacro.

Se è vero che nella complessa realtà umana, religiosa e socio-ambientale della città vecchia l'edicola è espressione della pietà e della devozione popolari, è altrettanto vero che ne è anche la matrice: essa infatti contribuisce a far nascere e ad alimentare il sentimento religioso in quanti, sin da bambini, nei vicoli e nelle corti conducono la loro faticosa esistenza quotidiana a stretto contatto coi loro santi. Nella città vecchia il rapporto tra l'uomo e Dio è scandito immediatamente dall'edicola; tant'è che là dove il tessuto urbano e sociale si è conservato intatto, la pietà popolare continua a manifestarsi quotidianamente salvaguardando l'integrità e la trasmissione del ricco patrimonio rappresentato dalle edicole sacre. In quelle zone in cui si è invece registrato lo spopolamento a vantaggio di altri quartieri, l'abbandono ha coinvolto ormai anche le edicole, dove perfino i fiori di carta, di stoffa o di plastica sono appassiti, e a ricordare la forte tensione dell'uomo verso Dio sono rimasti solo i nomi, pure essi scoloriti e smangiati, delle strade, delle piazze, delle corti, intitolate spesso a santi e madonne. A dimostrazione di quanto sia connaturato nella città vecchia il sentimento religioso, basti pensare che esiste una corte che si chiama «*Lascia fare a Dio*»; e poco importa se, come pare, si trattava originariamente del soprannome di una famiglia.

Questo quinto volume della serie vede la luce proprio nel momento in cui l'Università di Bari, in collaborazione con la Fondazione Cassa di Risparmio di Puglia, si appresta a realizzare un interessante progetto culturale dal titolo *L'Università adotta Bari Vecchia*, che mira a ricostruire alcune pagine di storia cittadina e a diffonderne la conoscenza. Per questo bisogna esprimere gratitudine al Rettore dell'Università, prof. Giovanni Girone, e al Presidente della Fondazione, prof. Antonio Castorani, nella speranza che il progetto, per ora annuale, si trasformi in progetto pluriennale, per il recupero del ricco patrimonio culturale e storico della città vecchia: operazione più volte tentata in passato e solo parzialmente riuscita; per la quale, oltre che alla buona volontà degli uomini e all'impegno delle Istituzioni, bisogna affidarsi, anche e soprattutto, al favore dei santi.

Itinerario 5

Le corti dei Miracoli

Alla pagina seguente:
Spazio sacro e domestico, santo e strada.

22
23

Palazzo Simi: un progetto per l'archeologia della città vecchia

di Francesca Radina
Direttore del Centro operativo per l'Archeologia di Bari

Sono passati tre anni da quando abbiamo trasferito gli uffici e i laboratori della Soprintendenza, ovverosia il Centro operativo per l'Archeologia di Bari, nella città vecchia, nel cinquecentesco Palazzo Simi, non senza rimpianti per gli intriganti – ma assolutamente non funzionali per le nostre attività – spazi del Museo Archeologico della Provincia di Bari, nel Palazzo dell'Ateneo, che ci avevano fino ad allora ospitato.
Non c'era dubbio che il tanto atteso trasferimento dal Museo in altra sede più idonea avrebbe migliorato in tutti i sensi la qualità delle nostre attività, liberando il Museo da una presenza ingombrante e restituendogli appieno la sua libertà. Ma forse pochi immaginavano gli innegabili vantaggi che la nuova collocazione a Palazzo Simi avrebbe poi realmente comportato, sotto tutti gli aspetti, per gli operatori della Soprintendenza, e soprattutto in relazione alla qualità del rapporto con le attività lavorative anche dei più scettici.
Il diverso punto di osservazione conseguito sulla città ci proiettava immediatamente, e come parte in causa, in quel fenomeno (in corso) di recupero della città vecchia anche attraverso le opere del «Piano Urban». La netta e immediata sensazione di rientrare a pieno titolo in questa operazione accresceva positivamente il nostro senso di responsabilità, come operatori culturali, consapevoli delle potenzialità che la nuova struttura e la sua felice collocazione riservavano, invitandoci a cogliere l'occasione per affermare l'importanza di una documentazione archeologica per troppo tempo ignorata da portare all'attenzione del pubblico.
Già per lungo tempo l'archeologia a Bari ha infatti sofferto di scarsa visibilità, per ragioni diverse, benché il Museo Archeologico, di fondazione ottocentesca, raccogliesse collezioni importanti per la storia degli Iapigi, ben note invece agli addetti ai lavori e ad un pubblico di appassionati. Il peggior risultato della debole politica di avvicinamento del Museo alla città e del labile rapporto costruito emerge chiaramente dalla vicenda della sua chiusura e del suo smantellamento nel 2001, in previsione di un più moderno riallestimento nel complesso di Santa Scolastica; essi non hanno determinato quella reazione da parte della città che ci si sarebbe aspettati, come altrove è avvenuto, che impedisse il venir meno – se pure, come asseriscono, temporaneo – di un altro importante riferimento culturale e di tradizione per la città.
Anche per sollecitazione di associazioni e gruppi impegnati a vari livelli nella valorizzazione della città vecchia, nonché con il sostegno e la partecipazione della IX Circoscrizione Murat-San Nicola, dell'Istituto Comprensivo Statale Umberto I-San Nicola e della Soprintendenza per i Beni Archivistici per la Puglia, nell'attiguo Palazzo Sagges, ha così preso il via tutta una serie di iniziative promozionali con il

Copertina della *brochure* illustrativa dell'itinerario *Bari. Sotto la città rivive la storia*, allestito negli ambienti di Palazzo Simi.

coinvolgimento di un pubblico sempre più ampio, alle quali l'itinerario guidato all'interno del Palazzo (*Bari. Sotto la città rivive la storia*) ha costantemente fatto da filo conduttore.
Scendendo infatti attraverso l'androne della casa palaziata originaria, con lo scalone monumentale ed il grande forno domestico, nella chiesetta medievale e poi in quella sottostante del X secolo con le absidi affrescate, a sua volta costruita su un edificio di età romana imperiale, a reperti archeologici come ceramiche, vetri, frammenti di intonaco dipinto, elementi scultorei in marmo, monete è stato affidato il compito di documentare i contesti archeologici rappresentati nel sito di Palazzo Simi, con uno sguardo allargato agli scavi più significativi nella città vecchia degli ultimi anni. In questo contesto si colloca (e mi piace ricordarla tra tutte le numerosissime iniziative) la piccola ma piacevole mostra *Invito a Palazzo Simi*, organizzata dal personale del Centro operativo, che proponeva nel suggestivo ambiente a piano terra con il pavimento vetrato (da cui è possibile cogliere tutto lo spaccato stratigrafico dal XVI al I secolo d.C., che dà l'idea della lunga successione culturale nel sito) l'apparecchiatura di una tavola rinascimentale con le stesse stoviglie (piatti, fiasche, pentole, anfore) provenienti dagli scavi archeologici in occasione del restauro del Palazzo e della vicina Santa Teresa dei Maschi.

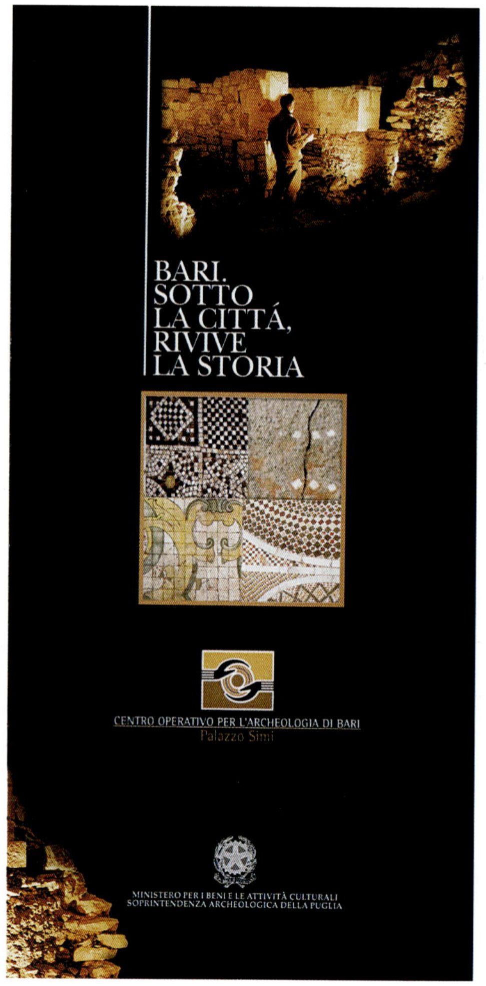

Contestualmente ad una sempre più pressante richiesta di utilizzo degli spazi per attività culturali (visite guidate, seminari, conferenze, concerti), proveniente e soprattutto dal mondo scolastico di ordine e grado diversi, prendeva inoltre corpo il progetto di

istituzione del Centro di documentazione dell'archeologia della città vecchia di Bari (redatto con Maria Rosaria Depalo, Silvana Milella e Paolo Perfido) con l'intento di dare sistematicità e quindi accessibilità – attraverso l'esposizione didattica permanente nonché l'accesso alla banca dati – alla catalogazione di tutto il materiale disponibile e relativo a interventi di scavo, siti archeologici e reperti rinvenuti, già peraltro avviata con l'iniziativa del 1988 a Santa Scolastica *Archeologia di una città. Bari dalle origini al X secolo*. Il progetto prevede, dopo una prima sosta nella sezione didattica a Palazzo Simi, la percorrenza guidata e supportata da pannelli descrittivi di quattro itinerari tematici (protostorico, classico, romano e medievale) che tocchino i siti archeologici della città vecchia.
La prima fase del progetto, benché complessivamente non abbia ancora trovato fonti di finanziamento adeguate (cosa di cui ci meravigliamo, perché crediamo nella opportunità di costruire riferimenti duraturi e non solo eventi passeggeri per quanto significativi) procede e avrà nell'immediato visibilità con la pubblicazione del volume *Palazzo Simi. Un progetto per l'archeologia della città vecchia*, nel quale sono coinvolti con un proprio contributo tutti quelli che in questi anni hanno operato nel settore con la presentazione di dati di scavo ancora inediti. La pubblicazione del volume segue ad una serie di incontri tenutisi nel 2001 sul tema *Archeologia a Bari tra ricerca e valorizzazione*.
Un altro passo significativo, che è il caso di ricordare per la piena funzionalità di tutta la struttura è stato rappresentato nella primavera del 2002 dalla tanto attesa riapertura dei laboratori di restauro e fotografico, potendo disporre di un finanziamento del Provveditorato alle Opere pubbliche per la Puglia, e dall'allestimento di depositi organizzati per il materiale archeologico. Anche in questa occasione il calore e l'entusiasmo di docenti e alunni delle scuole elementari Corridoni e Piccinni animava una vivace mostra didattica, in concomitanza con la giornata inaugurale dei laboratori, illustrando l'attività svolta durante l'anno scolastico dai ragazzi presso lo stesso laboratorio di restauro sull'artigianato vascolare medievale e la sua tradizione.
Chiudo questa breve nota augurandomi insieme agli amici Nicola Cortone e Nino Lavermicocca – autori di quest'opera paziente e generosa di censimento delle edicole religiose della città vecchia, ai quali mi accomuna l'amore per tutto ciò che fa della città vecchia di Bari il luogo in cui continuare a riconoscersi e a ricercare le proprie radici – che la traccia finora segnata assuma forme durature e motivo di crescita sociale e civile per la città.

Bari vecchia dalla «casbah» al «museo diffuso»: itinerari di scoperta

di Nicola Cortone e Nino Lavermicocca

A fronte: «Veduta prospettica della città di Bari» inclusa nel *Regno di Napoli in prospettiva* (1803), di G.B. Pacichelli.

La scelta delle edicole religiose, come occasione per conoscere da vicino una categoria di beni culturali ritenuti «minori», è servita ad attivare un «prodigioso» itinerario di scoperta della città vecchia, accolto con successo dalla comunità locale.
Ma ulteriori categorie di beni ed altrettanti ricchi itinerari di riscoperta giacciono inesplorati fra le pietre e i vicoli di una città che rappresenta davvero un «ingorgo» mediterraneo e adriatico (C. Magris), per cultura, storia e ambiente. Una città al crocevia fra Europa, Levante, Maghreb, Atene, Roma, Costantinopoli, Venezia, Arabi, Slavi, caratterizzata da una appartenenza culturale comune, non disgiunta però da contraddizioni e peculiarità proprie, secondo l'orma della storia lasciata nel suo sviluppo urbano.
A vederla nell'insieme, Bari vecchia non è dissimile ad esempio da Tangeri, Casablanca o Marrakesh, con le bianche case di tufi, qualche palma e i terrazzi assolati e piatti: un'autentica *medina* (città) con la sua *casbah* (cittadella fortificata), il cui centro è occupato dalla Cattedrale, anziché dalla Moschea (ma quante affinità nelle forme e nei modelli), dalla quale si dipartono, nell'analogo schema a raggiera, le sinuose e strette strade mercantili e dei mestieri, avviate verso le porte delle mura, le piazze, il mare; ad esse si collega il reticolo dei percorsi secondari per quartieri e servizi di prossimità (forni, bagni, fontane, botteghe artigiane, magazzini, opifici) e quelli più reconditi per le case private, chiuse intorno ad una «corte».
La gerarchia degli spazi urbani colloca all'apice i poli religiosi e di potere (Santuario di San Nicola, Pretorio bizantino, Castello normanno), seguiti dagli spazi commerciali di qualità e delle corporazioni di mestieri; dalle abitazioni che segnano il passaggio dal pubblico al privato; dal quartiere (in arabo *hawma*), all'isolato (*derb*), alla casa (*dar*). La casa barese, come quella della *casbah*, è introvertita sulla «corte» e si apre alla strada, almeno nelle fasi edilizie del X-XII secolo, con la sobria decorazione esterna delle facciate e rade finestre, quasi filtro con la città: un agglomerato compatto (contro la calura o il vento) con vicoli stretti diretti, una volta in modo più evidente, verso il mare Adriatico.
In questo mirabile «labirinto della memoria», modellato da millenni di civiltà e culture, si trovano – basta frugare – tutte le cose e i segni lasciati dalle vicende dei cittadini (i protagonisti della città: *«civitas, quid nisi cives?»*, affermava infatti sant'Agostino), le quali, se ben illustrate o «decodificate», possono tornare a vivere nell'immaginario collettivo.
Di Bari vecchia la città «altra» – quella dell'Ottocento e del Novecento, tenuta troppo a lungo lontana dalla sua antica madre – non ha tuttora memoria, non vi si riconosce nelle origini, non ha dimestichezza con i suoi segni, non ne ritrova persino il bandolo delle strade,

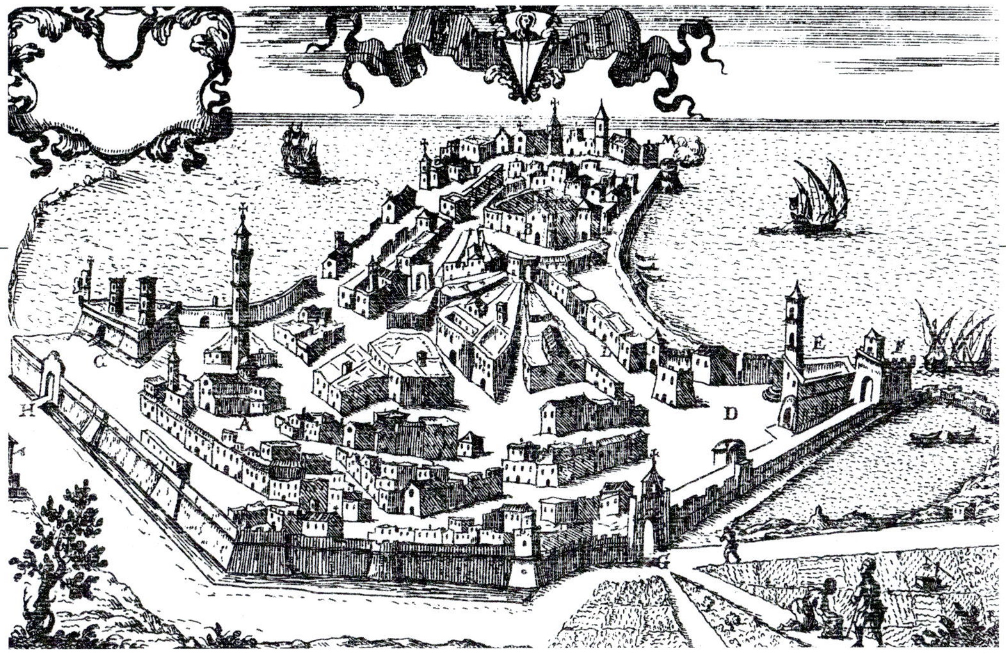

perdendovisi come in un «labirinto», e non ha l'esatta percezione del patrimonio storico, culturale, etnico, religioso, folklorico che la caraterizza in modo così straordinario. Esotico rimane ad esempio il repertorio iconografico anche maggiore (l'Odegitria, san Sabino, lo stesso san Nicola di Mira); incerto il glossario delle fabbriche maggiori (Cattedrale romanica, Castello normanno, Santuario di pellegrinaggio) e il lessico famigliare; estranei e ignorati la toponomastica, le sculture, le architetture, i musei, le chiese, le dimore aristocratiche, i monasteri, le biblioteche e gli archivi, ecc. Tutto è dissolto in un amalgama di conoscenze effimere «per sentito dire», che a loro volta tramandano errori, incongruenze e falsità, che ledono gravemente il sostrato culturale mediterraneo proprio invece di Bari vecchia.
Al termine degli itinerari della religiosità e devozione popolare, proposti con la Collana «Santi di Strada», gli Autori intendono continuare – nei limiti delle possibilità offerte dalle risorse necessarie – l'esplorazione del suo patrimonio diffuso, facendolo emergere dal sommerso di una storiografia sovente di ambito pervicacemente localistico e minuto, per ricondurlo al suo naturale orizzonte adriatico e mediterraneo, secondo ulteriori itinerari di scoperta che comprenderanno le forme e le materie in cui il patrimonio storico-culturale si manifesta (architetture, sculture, affreschi, stoffe, tessuti, metalli, vetri, legni, tele e tavole dipinte, documenti, oggetti d'arte, mobili, ecc.).
La casbah indecifrabile e nascosta si trasforma così in museo aperto e riconoscibile, in cui la fruizione del patrimonio contribuisce ad integrare la formazione del cittadino, in una città vecchia sede privilegiata della memoria storica collettiva, in cui riconoscersi come unità di appartenenza etnica e culturale.
Una strategia dell'«attenzione» verso i grandi monumenti che fungono da

catalizzatori di una realtà efficacemente rappresentata, ma anche verso spazi e cose minori che si configurano non in un museo del passato, ma in un agglomerato vivente, nel quale tutti partecipino alla conoscenza, prima, e alla tutela e fruizione, dopo, di uno straordinario patrimonio culturale. Esso dovrà essere consegnato non svilito o depauperato, ma accresciuto e in buono stato alle generazioni future, pena il declino o la rassegnazione al degrado e alla violenza di una città che, è bene ricordarlo, è stata dal IX all'XI secolo la prima capitale dell'Italia meridionale.

Si rammenta anche che il «catalogo» delle edicole religiose (inteso non come inventario di tipo formale) è finalizzato all'auspicato ed urgente loro restauro. Purtroppo, nei lavori finanziati dal «Piano Urban» si è persa l'occasione di riqualificare, con l'intervento diretto sui manufatti, gli innumerevoli spazi del sacro quotidiano, autentici luoghi di aggregazione urbana e sociale spontanea – non coartata da rigide norme di «restaurazione» accademica o dal brulicante, abnorme proliferare di locali di ristoro, di tipo pseudo-turistico, impropri ed estranei (come si è potuto constatare) alle autentiche abitudini popolari della città vecchia.

Infine gli Autori ringraziano con particolare calore l'Università degli Studi di Bari nelle persone del Magnifico Rettore prof. Giovanni Girone e del prof. Giorgio Otranto, per l'assidua simpatia e il fattivo sostegno alle pubblicazioni, nonché l'ingegner Giuseppe Cesario, anch'egli appassionato sostenitore dell'iniziativa. Senza il loro contributo, anche economico, probabilmente gli itinerari di «Santi di Strada» non avrebbero raggiunto il loro obiettivo di promuovere la conoscenza e la diffusione di questo straordinario patrimonio di cultura e arte popolare.

Bari medievale: alle origini della forma urbana

di Nino Lavermicocca

A fronte. Veduta aerea di Bari vecchia: il borgo antico si addensa intorno alla Cattedrale (concess. S.M.A. n. 1060 - 30/IX/1987).

La piazza

Nel medioevo la città non è più compatta e geometrica, come il modello monolitico e centralistico creato dai Romani intorno al *Forum*. Essa si disarticola in spazi nuovi e nuovi poteri (chiesa, monastero, palazzo del console, famiglia feudale, corte signorile, potentati economici), e tutti reclamano un loro luogo specifico: il vescovo chiede ed ottiene la spazio liturgico del sagrato davanti alla sua cattedrale; il console, il podestà o il castellano esigono il vuoto urbano davanti a torri e dimore per controllare meglio il territorio di pertinenza; i mercanti optano per uno spazio riservato alle loro transazioni con atrio, borsa, cambio; le ricche famiglie dominanti costruiscono dimore che esaltano la loro imponenza sugli spazi circostanti; le torri si allungano e mal sopportano edifici contigui. Il paesaggio urbano si piega dunque alle nuove esigenze, e anche la piazza non è più sola, ma si moltiplica quasi per gemmazione in più ambiti minori (anche se rimarrà dominante la Piazza Grande o Maggiore), collegati fra loro, che scandiscono i tempi nuovi ed ineludibili della città medievale: mattina e sera, in chiesa per sacre funzioni e vespri; mezzodì, mercato e provvigioni; meriggio, forse uno spettacolo (esecuzione, circo, artisti di strada), una processione, una corsa alla fontana o alla cisterna, l'assemblea ordinaria o straordinaria davanti al palazzo pubblico, bandi e notizie; la notte, il commiato.
L'uomo medievale moltiplica opere e giorni, feriali e festivi; disgrega e distrugge i luoghi più rappresentativi della antica socialità ed aggregazione, come teatri e spazi per il tempo libero, non più ammessi; frequenta chiese e monasteri; privilegia sacre visite e pellegrinaggi; vive intensamente il mondo della propria corporazione, del quartiere e del vicinato, in cui si sente protetto.
La città medievale, policentrica, offre aspetti diversi; raggruppa intorno a chiese e luoghi significativi etnie, abitanti, coloni. Classi diverse e società variegata producono un modello urbano altrettanto variegato, fra emergenze monumentali (cattedrale, castello, monastero, dimora aristocratica, torri, ecc.) e sostrato abitativo umile e quotidiano (casupole, portichetti, bassi, claustri, stamberghe), ma nello stesso tempo ricco di scorci ed espedienti, che rendono la città medievale sorprendente, inattesa, ingegnosa, policromatica, poliscenica, assemblata con materiali da costruzione diversi: un vero e proprio labirinto di strutture e un groviglio di uomini e cose.
Delle antiche strutture è riconoscibile sovente l'impalcatura romana (fondata sulla conservazione di mura e porte, foro, templi, assi viari, ecc.), ma si evidenziano anche altri elementi quali, ad esempio, l'influsso della città islamica (case dei clan o gruppi familiari chiusi, moschee, scarsi luoghi pubblici); l'edilizia di derivazione

Scene della sete a Bari, in Piazza Mercantile
(tavola di Beltrame nella «Domenica del Corriere», 1908).

rurale; l'abusivismo diffuso a danno delle *viae publicae*, di corti e spazi comuni; la gerarchia degli edifici, non più a scala urbana, ma territoriale, come le grandi chiese episcopali, i pretorii e le dimore aristocratiche, le torri, ecc., che non dialogano più con la città ma soltanto, e perentoriamente, fra loro. I centri direttivi sono in numero corrispondente alle strutture di potere e agli edifici simbolo della città, i quali a loro volta imprimono tracciati «simbolici» all'intero agglomerato urbano, collegati fra loro da linee ed itinerari a «croce», a labirinto o addirittura, secondo talune interpretazioni di strutture urbane islamiche, a crittogrammi.
Anche la toponimia della piazza riflette la diversità delle sue funzioni: *curtis*, perlascio (circo per combattimenti per orsi), arengo, braida, brolo, cute, ecc., salvo il caso di più marcate preesistenze urbane. La città medievale esalta il particolarismo locale; è una città-Stato (*polis*) oppure città-mercato, città-chiesa, città celeste (nella quale i *cives* attingono un nuovo protagonismo: *«civitas, quid nisi cives?»*), insieme al territorio di pertinenza. La funzione principale della piazza è il mercato – di erbe, pesci, ortaggi (il «Fogliarulo» a Bari in Piazza Mercantile), sale, «victualia» in generale – e quella di sede della assemblea popolare e della liturgia. Il progetto collettivo urbano sembra echeggiare le parole si sant'Agostino: «distribuire in modo equilibrato cose uguali e diverse, attribuendo a ciascuna il posto adeguato». Le strade, anche se di uguale ampiezza, si distinguono gerarchicamente per la meta che intendono raggiungere (una via «minore», ad esempio, che mena però ad un santuario, si muta presto in «maggiore», per la qualità e quantità della sua frequentazione); sovente sono oggetto di residenze specializzate: via degli orefici, degli argentieri, del cambio, delle carrozze, dei tintori, del forno, dei calderai, delle beccherie, ecc. (toponimi diffusi a Bari). La piazza, come accennato, non è più rigida

nello schema; si adatta al rilievo altimetrico e alle rinnovate funzioni e bisogni dell'emergente *milieu* sociale composto dalla borghesia mercantile, che richiede la massima libertà da vincoli anche urbanistici per i propri affari. La piazza deve essere soprattutto «utile» e funzionale; su di essa a volte non affaccia la chiesa, ma il palazzo o i palazzi delle Corporazioni con i loro simboli e trofei; la sua forma è determinata soltanto dallo spazio a disposizione (residuale, a triangolo, a rettangolo, a poligono, a conchiglia, ecc.); l'unità è garantita dalla coerenza dello stile e dagli ordinamenti edilizi locali.
Ma prescindendo dalla difformità delle strutture costruite, la piazza è l'organismo per eccellenza che unisce mura ed abitanti: «*Civitas autem non saxa, sed habitatores vocantur [...] hominum multitudo, societatis vinculo adunata*» (Isidoro di Siviglia). Le mutazioni medievali non ne hanno alterato la sostanza e la centralità nella vita quotidiana, anzi ne hanno arricchito le caratteristiche, l'aspetto, le funzioni, come attesta la miriade di nomi afferenti comunque a cose ed avvenimenti della piazza.
In conclusione, nella città romana, progettata su una lunga prospettiva di durata, l'accettazione e lo sviluppo del modello del Foro è rigido e programmato secondo regole e canoni estetici, prevalenti su quelli pratici: spazio di rappresentanza e selettivo per classi di cittadini e funzioni.
In quella medievale, invece, la piazza ha finalità più concrete, ed è fondata su una prospettiva di breve e medio termine (per le guerre e le invasioni), per bisogni quotidiani da affrontare all'occasione entro le mura, ma non separata dalla campagna. Le aggregazioni dei cittadini avvengono in spazi a scala ridotta (corte, sagrato, largo), con conseguente chiusura in piccoli lotti urbani disposti non secondo assi di scorrimento rigidi, ma flessibili e perciò «pittoreschi» (aperti cioè su scorci e visioni d'angolo, con alternanza di ombre e di luci, uso del colore e di materiali edilizi vari e fantasiosi, quali legno, vetro, intonaci, pietre, sculture, tegole, pavimenti, ecc.).

La corte («curs»)

Nell'assetto urbanistico della città vecchia non ha trovato posto, come evidenziato in precedenza, la «piazza», intesa come luogo funzionale di aggregazione; essa è ridotta invece a spazio residuale – Piazza Mercantile – e oggi addirittura frammentata e dispersa nel microcosmo dei segni e dei simboli, nella marea indistinta del «nuovo» pavimento, nella mancata evidenza del segno forte del Palazzo del Sedile (neppure restaurato), nella incompresa correlazione e mancata esaltazione delle sue emergenze storico-archeologiche (sepolte o rese stucchevoli od inerti, come la Fontana e il Leone). Conserva invece intatta la sua vitalità,

A fronte: Portico dei Pellegrini (Piazza San Nicola, Bari).

derivata da secoli di amalgama di culture, di convivenza e di compartecipazione alle vicissitudini del popolo, la corte (*curs*), il recinto comune condominiale relativo ad un piccolo nucleo di abitazioni aperte a quell'intreccio così tipico e caratterizzante di reciproche ed intense relazioni di vita quotidiana, chiuse invece all'intrigo ed al traffico della strada, comunque contigua o poco distante. La corte è dunque un mondo a sé, una sorta di casa comune, di comune appartenenza, in cui «convivere» per buona parte del giorno, prima che, ciascun nucleo famigliare, a notte, si ritiri nella cellula privata; un monastero laico, anch'esso con proprie regole da osservare se pur nella effervescenza, tutta barese, della giornata.

Il diritto longobardo, nel corpus di leggi consuetudinarie emanate dagli Editti di Rotari (636-653) e di Liutprando (712-744) e vigente per lungo tempo a Bari, la norma (*gawarfida*) del cap. 305 riconosce proprio alla *curs* (corte) il carattere di «dimora» domestica, interdetta pertanto, di notte, a chi vi si introduceva di soppiatto:

> Di un uomo libero che di notte fu trovato in una *curs* altrui e che, non porgendo subito le mani per essere legato, fu ucciso: in tal caso nulla si richieda dai suoi parenti. E se porse le mani e si lasciò legare paghi 80 soldi, perché non è ragionevole che di notte un uomo entri in una *curs* altrui in silenzio e nascostamente, ma se avesse qualunque necessità, prima di entrare, chiami.

Ma anche chi entrava in una corte di giorno «con animo iracondo» era soggetto ad una pena di 20 soldi. Oggi fortunatamente non si paga per entrare in una corte di Bari vecchia; eppure rimane il sospetto per l'intruso, prima sorvegliato a vista, ma presto ammesso, appurate le buone intenzioni, al mondo garrulo della corte.

La *curs* non è però di origine popolare, ma signorile, feudale; appartenente in principio addirittura al re, nel periodo carolingio, fra VIII e XI secolo (corte regia), passata poi ad indicare una unità agricola o rurale oppure un distretto territoriale amministrato da un funzionario regio, principe o duca (*curs ducis*: Piazza Cordusio a Milano; Corte Carducci a Bari), soprattutto nelle province e città occupate nell'alto medioevo dai Longobardi: Benevento (quartiere di Piano di corte; Curia Ducis, chiesa di San Salvatore a corte, ecc.); Salerno (chiese di San Michele e di San Giovanni «ad curtim»), Capua (San Salvatore e San Giovanni in corte); Napoli (monastero di San Salvatore «in insula maris»); Venosa (la cosiddetta «Foresteria» annessa all'abbazia della Trinità); Bari (Palazzo ducale o Gastaldaga «ìnde alle curte», nelle corti, come si esprime tuttora la vivida toponimia dialettale). Nella configurazione della architettura di potere, la *curs* accoglieva il *Palatium*, sede del funzionario delegato all'amministrazione civile e militare: il Gastaldo in età longobarda; lo Stratega e il Catapano in età bizantina. La tipologia

degli edifici è stata codificata dagli studiosi in due elementi strutturali fondanti: la «Laubia» (loggia) al pianterreno; la «Saal» (Sala) al primo piano, come apparentemente attestato (ma il restauro o il rifacimento danno adito a forti dubbi) dal cosiddetto «Portico dei Pellegrini», dirimpetto alla Basilica di San Nicola a Bari, identificato come *Palatium* del Gastaldo longobardo. Il modello di riferimento per la serie di edifici indicati dianzi è la Loggia-portico (*Torhalle*) dell'abbazia di Lorsch (Baden-Württemberg). La *curs* sovente si accompagnava al contesto rurale, ad un più esteso insediamento, detto «Sala» (vedi, ad esempio il toponimo Sala Consilina) o «Fara» (abitazioni di uno o più clan famigliari: vedi i toponimi di Fara Zanframondi, o Fara «filiorum Petri in Abruzzo e, forse, Santa Fara a Bari), oppure ad un posto di controllo (*skulka*, guardia, ecc.). La corte urbana era invece spesso sovrastata da una torre. Le case erano in genere composte da un magazzino a pianterreno, da un vano di abitazione al primo piano e dal *solarium*. Le fondazioni e parte dell'alzato erano in pietra, le pareti di pali di legno e graticci, il tetto coperto da strame o da tegole in argilla (*òstraka*) e legno (scandole). Al piano superiore si accedeva con scale dall'esterno; nella corte, dove si trovava anche il pozzo comune e il focolare a vista, si entrava da un unico ingresso, una *strictula* (*stratuécchie* in dialetto barese) o un androne coperto da volte a botte e limitato da un arco, che poteva essere chiuso con inferriate o da un portone.
Tali caratteri si trovano tutti nelle numerose superstiti corti della città vecchia, costituite da isolati tuttora riconoscibili, cinti da muraglie e diffuse capillarmente nel tessuto urbano; esse

sono riconducibili dunque ad un modello abitativo di origine longobarda, incrementato e diffuso da una più vasta cultura urbanistica di matrice islamica, conservata soprattutto in Sicilia (Palermo, Trapani, Marsala, Siracusa, ecc.), ma ravvisabile, secondo taluni studiosi, anche in Puglia (Bitonto, Altamura, Ostuni, Putignano, Taranto, ecc.), con la gerarchia delle strade principali (cassero, *shari*), strade secondarie e vicoli (*zuqaq*). A Bari, autentico palinsesto stratificato di civiltà e culture mediterranee, le corti costituiscono tuttora i nodi cruciali irrinunciabili della multiforme varietà dell'aggregazione sociale, in un labirinto urbano volta a volta romano, longobardo, arabo, bizantino, in cui tutti hanno lasciato una traccia nella toponimia (clan famigliari), nelle funzioni, nei segni e nei simboli della vita associata, religiosa, del potere, ecc.

Bari vecchia, pianta topografica · Itinerario 5

1. San Sabino
2. Deposizione della Croce
3. Madonna Addolorata
4. San Nicola benedicente
5. San Giuseppe e Gesù Bambino
6. Anastasi (discesa di Cristo al Limbo)
7. Scena di Crocifissione
8. I santi Nicola e Giuseppe
9. Madonna Addolorata
10. Madonna Odegitria
11. Madonna Addolorata
12. Madonna Assunta tra i santi Nicola e Sabino
13. Madonna Addolorata tra i santi Nicola e Sabino
14. Madonna Odegitria
15. Crocifissione
16. San Nicola benedicente
17. Sacra Conversazione (Madonna Addolorata tra santi)
18. Visitazione della Vergine a Elisab
19. Madonna Addolorata
20. Madonna con Bambino
21. Madonna del Carmine tra i santi Nicola e Gaetano
22. Madonna Odegitria
23. San Nicola benedicente
24. Crocifissione
25. San Nicola e i tre fanciulli
26. Madonna con Bambino
27. San Benedetto
28. San Nicola fra Adeodato e i tre fanciulli
29. Crocifissione
30. Madonna Odegitria
31. Madonna Immacolata
32. Crocifissione
33. San Nicola benedicente

Vico Cristoforo Colombo
CHIESA E MONASTERO DI S. SCOLASTICA
Piazza S. Pietro
27
Str. S. Scolastica
Arco S. Pietro
Largo Ospedale Civile
CORSO A. DE TULLIO
LUNGOMARE IMPERATORE AUGUSTO
Vico II S. Francesco della Scarpa
MONASTERO DI S. FRANCESCO DELLA SCARPA
Str. S. Maria del Buonconsiglio
22
21
23
S.MARIA DEL BUONCONSIGLIO
26
25
Str. Annunziata
Via Venezia
Via Pier l'Eremita
19
20
24
Arco Quercia
Arco Santo Spirito
Str. Vanese
Str. Quercia
Str. dei 62 marinai
SCUOLA MEDIA S. NICOLA
CHIESA E MONASTERO DI S.CHIARA
S. LUCA
18
Largo Urbano II
17
Piazza S. Nicola
BASILICA S. NICOLA
Corte del Catapano
Str. delle Crociate
Str. Tresca
Corte S.Chiara
Largo Abate Elia
Str. dietro Tresca
Str. Ruggero il Normanno
14
15
16
Str. dietro S. Vito
S. MARCO
Str. S. Marco
Corte Ventura
Str. Palazzo di Città
28
CHIESA DEL CARMINE
29
31
COLLEGIO DEL GESÙ
Str. Tancredi
13
Str. del Carmine
30
Str. Filioli
Corte Zeuli
Corte Cavallerizza
CHIESA DEL GESÙ
Str. Amendoni
Str. Nuccia Serra
PALAZZO EFFREM
Vico S. Agostino
CASTELLO NORMANNO SVEVO
12
CATTEDRALE
S. GAETANO
S. ANNA
Piazza dell'Odegitria
Vico S. Gaetano
Rua Frangigena
S. GIACOMO
1
Largo S. Sabino
CASA NICCOLÒ PICCINNI
SS. MEDICI
MUSEO DIOCESANO
Piazza Mercantile
32
Str. Veronese
Piazza Federico II di Svevia
10
Str. Bianchi Dottula
PALAZZO BIANCHI DOTTULA
S. TERESA DEI MASCHI
Str. Orefici
11
MUSEO STORICO
2
SEDILE
Str. S. Teresa dei Maschi
Corte Lasciafareadio
7
6
Largo Albicocca
4
8
9
Str. dei Gironda
Piazza del Ferrarese
Largo Maurelli
3
Str. S. Sebastiano
Corte Notar Morea
5
S. DOMENICO
Largo Chiurlia
Str. S. Bartolomeo
Str. S. Benedetto
Str. Vallisa
CHIESA DELLA VALLISA
Str. Tresca Vecchia
Via Filippo Corridoni
33
TEATRO MARGHERITA
Str. Palazzo dell'Intendenza
PREFETTURA
Vittorio Emanuele

A fronte: San Sabino,
copatrono della città
(Cortile dell'Episcopio, Bari).

Catalogo

San Sabino

Statua in pietra calcarea
XVII secolo
Scultore pugliese (o dalmata)

Cortile dell'Episcopio

18 Sopra su una colonna di granito grigio, elemento di reimpiego da un antico tempio, si eleva la statua in pietra calcarea del primo protettore di Bari, san Sabino, eretta, secondo documenti, dall'arcivescovo Diego Sersale nel 1651 a compimento dell'arredo della nuova veste architettonica del cortile arcivescovile. Scolpito a figura intera, in atto benedicente, il vescovo di Canosa è raffigurato secondo il tradizionale modello iconografico, con piviale fermato al collo da una borchia, tunica (stretta in vita da un cingolo), che scende a fitte pieghe scanalate e stola decorata da croce entro orbicoli. Nella mano sinistra regge il pastorale in ferro brunito, terminante a voluta. Il volto, coperto da alta mitria latina, austero e ieratico nello stesso tempo, accentua la monumentalità della scultura, impostata fortemente con visione bidimensionale: l'eleganza e la sobrietà della scultura, quasi un monolite, rivelano ascendenze culturali tardo-cinquecentesche.

Deposizione della Croce

Olio su rame
XIX-XX secolo
Pittore locale (Costantino Bonsante)

Corte Colagualano

La scena di Deposizione dalla Croce è inserita in un fastoso tabernacolo in marmi policromi con lesene e trabeazione sormontata da timpano a volute, eseguito nel 1946 dalla bottega Mastrandrea. Al centro della tavola, in origine probabilmente di più ampie dimensioni (come testimonia la figura dimezzata dell'angelo in ginocchio a destra, cui di solito se ne contrappone un altro a sinistra nell'atto di reggere un lembo del sudario), si staglia la figura della Addolorata, trafitta da due spade, nell'atto di piangere il Figlio avvolto nel sudario, con il corpo del tutto abbandonato al suolo. Essenzialità dei protagonisti (Vergine e Cristo) e colori lividi o spenti tendono ad accentuare il senso di dolore e afflizione. L'olio su rame prende spunto da una litografia di fine Ottocento, diffusa nella città vecchia (cfr. vol. IV, p. 66), ben più ricca e completa nella iconografia di quanto rappresentato nella scena ridipinta dal Bonsante.
Per l'impostazione generale, il disegno delle figure principali, gli angeli e i cherubini intorno alla imponente croce del fondo e la policromia di base (se pur alterata), la Deposizione potrebbe essere attribuita, nella stesura originaria, al pittore Michele Montrone, cui appartengono gli elementi iconografici e stilistici dianzi accennati.

ORA
R. I.

Madonna Addolorata

Tempera su intonaco
XX secolo
Pittore locale

Corte Notar Morea

Posto accanto all'arco medievale di accesso alla corte, il dipinto è una copia del modello iconografico dell'Addolorata ripetuto più volte nelle edicole della città vecchia, riproposto in chiave autenticamente e pittorescamente popolare (un «abbozzo» più che un'immagine compiuta, ma non privo di suggestione nella rudezza ed essenzialità della esecuzione), liberamente ispirato ai più colti disegni del Settecento e dell'Ottocento, ravvisati altrove nelle edicole religiose.
Un olio su rame del XIX secolo, raffigurante l'Addolorata a figura intera ed in preghiera (vedi fig. *a fianco*), si trovava in Corte Morgese, testimonianza ulteriore della pietà e della devozione popolare, andato purtroppo disperso per incuria e abbandono.

San Nicola benedicente

Olio su rame
XIX-XX secolo
Vito Dentamaro

Corte San Triggiano (volta a botte)

L'androne della corte ospita, in una elegante edicola di marmo, il riquadro di san Nicola rivestito di abito episcopale orientale (il pallio *polistàuron*, decorato, cioè, da croci) e ritratto con la destra benedicente alla latina, mentre con la sinistra regge il Vangelo sormontato dalle tre sfere e il bastone episcopale terminante a voluta. Il modello iconografico richiama le incisioni acquerellate a mano della litografia napoletana «F. Altavilla», diffuse verso la fine del Settecento anche in Terra di Bari.
Di grande effetto il disegno plastico della figura, l'espressività del volto, la cura dei particolari nell'abbigliamento e la lucida policromia: elementi molto apprezzati dal gusto popolare, che decretarono diffusione e successo di questo tipo di immagini, commissionate a pittori di figure sacre come Dentamaro e Montrone.
Una copia analoga all'olio su rame si trova presso l'Arco di san Pietro, attribuita allo stesso Dentamaro (cfr. vol. I, p. 90).

San Giuseppe e Gesù Bambino

Litografia a colori
XX secolo
Stabilimento litotipografico
Ed. G.-Mi.

Corte San Triggiano

Entro una nicchia di legno, l'immagine è una delle rappresentazioni più diffuse nella produzione di santini dedicata a san Giuseppe.
Il Santo è raffigurato rivestito di tunica color azzurro scuro e di mantello color marrone che avvolge una parte della spalla.
Nella mano sinistra ha uno stelo di gigli ed accosta il viso tendendo lo sguardo al Bambino.
Questi, rivestito di tunica bianca e sorretto dalle braccia del padre, è ritratto in attitudine benedicente con il globo nella mano sinistra.
La litografia si fa apprezzare non solo per la gradevolezza dei colori degli abiti, ma anche per l'espressività dei volti, illuminati dalla luce, che lasciano trasparire dolcezza e amore paterno.

LE IMMAGINI SACRE DELLE TIPOGRAFIE BARESI, FRA SETTECENTO E OTTOCENTO

di Nicola Cortone

Ancor prima dell'invenzione della stampa a caratteri mobili nel 1454 da parte di Gutenberg, in Europa c'era già una certa diffusione di immagini su fogli di pergamena e xilografie colorate ad imitazione delle miniature, ritagliate ed incollate su fogli di vario formato, che ritraevano i santi più venerati nel sostrato devozionale, solitamente esposti all'interno o all'esterno della casa, in funzione taumaturgica, di protezione e di buon auspicio per la salute e la fortuna della famiglia.
La produzione delle stampe popolari fu incrementata soprattutto nel periodo della Controriforma cattolica, grazie all'opera dei Gesuiti, consapevoli della loro importanza «quale mezzo di catechesi», in contrapposizione alla Riforma luterana che aveva proibito il culto dei santi. Nella sessione XXV il concilio di Trento aveva imposto ai vescovi di «istruire i fedeli intorno alla intercessione dei santi, alle invocazioni, al culto, alle reliquie e per il corretto uso delle immagini sacre», di piccolo o grande formato, dal costo accessibile e di facile acquisizione.
Accanto alla produzione in serie delle immagini di culto di piccolo formato, i «santini» – noti «per la capacità di narrare storie e miracoli della vita del santo» –, vi era quella dei santini manufatti di provenienza conventuale: i *canivets*, eseguiti con una tecnica nata all'inizio del XVI secolo in Germania e propagatasi in modo particolare in Francia, Italia e Olanda dove raggiunse la massima diffusione intorno al XVIII secolo.
Al santino, composto da un rettangolo di pergamena, era applicata la tecnica minuziosa e certosina della «punzecchiatura» (piccoli fori ottenuti con uno spillo), che dava rilievo al *canivet* producendo l'effetto finale di un piacevole pizzo cartaceo. Al centro era dipinta una miniatura, sostituita in seguito da incisioni e, verso la fine del Settecento, da litografie, prodotte grazie all'invenzione del cecoslovacco Senefelder: una nuova tecnica di stampa in grado di produrre in serie migliaia di pezzi.
In Francia l'arte del santino – *imagerie populaire* – fu importata a Parigi dai fiamminghi, che eseguivano immagini tratte da incisioni su legno, tirate su fogli di carta comune e colorate con la tecnica del *pochoir*. Fabbriche di *imagerie* religiosa furono attive a Metz, Chartres, Orleans,ecc., dove la vendita era affidata ai *colporteurs*, venditori ambulanti che si fornivano presso i produttori di stampe, caricando il tutto sulle spalle. In questo ambito si distinse in particolar modo la città di Epinal, con la fabbrica di Jean-Charles Pellerin

Incisione raffigurante san Niccolò di Bari (Stab. tipografico Gissi e Avellino, Bari 1885).

San Nicola benedicente, dipinto sottovetro
(collez. E. Sifola).

che agli inizi del XIX secolo diede un notevole impulso alla realizzazione di stampe, conosciute ancor oggi con il nome di *imagerie d'Epinal*, ed eseguite tuttora con la tecnica antica dell'incisione su legno e colorate a mano, *au pochoir*.

In Italia celebri stampatori di immagini religiose popolari furono i Remondini a Bassano del Grappa, attivi già dal 1711; la tipografia Granducale dei Soliani (dal 1640 al 1870) e la Litografia di San Giuseppe a Modena; i Leonardi e i De Maria a Torino nell'Ottocento.

Punto di riferimento nel Mezzogiorno fu invece la città di Napoli la cui produzione, a partire dalla seconda metà del Settecento, trovò grande diffusione ad opera degli «stampa-santi», piccoli artigiani con botteghe concentrate in gran parte in via San Biagio dei librai. Le incisioni acquerellate a mano delle litotipografie di Francesco Apicella, dei fratelli Altavilla e di G. Scafa incontrarono il maggior favore dei devoti, che ne decretarono così il successo e la diffusione in gran parte del Meridione, e quindi anche a Bari, dove ancor oggi se ne conservano dei begli esemplari nelle chiese, nelle case, nelle edicole religiose della città vecchia, raffiguranti per lo più i santi legati alle sue tradizioni religiose (Nicola, Gaetano, Antonio abate, Lucia, ecc.).

Le prime immagini devozionali su carta, propriamente baresi, comparvero a partire dall'inizio del XVII secolo con l'apertura di tipografie, come ad esempio quella del veneziano Antonio Pace in società con il collega Giulio Cesare Ventura, di Giacomo Guidone di Brescia e di Pietro Micheli di Bologna.

Ben note sono le incisioni del santo di Mira, con scene della vita e dei miracoli, contenute nel volume di F. Veniero, *Niccolò di Mira l'arcivescovo padrone e tutelare della città di Bari* dello stampatore di origine romana Francesco Zanetti, o l'incisione realizzata dal pittore barese Vincenzo Lapegna per conto dello stampatore Bonghi per il libro di N. Putignani, *Historia della vita, dei miracoli e della traslazione del gran taumaturgo san Niccolò*, Napoli 1771.

A partire dalla metà dell'Ottocento, grazie al gran numero di litotipografie che sorsero in città, si ebbe una larga produzione e divulgazione di immagini appartenenti, fra le più note, allo stabilimento tipografico e litografico di Sante e fratelli Cannone; a Ferdinando Petruzzelli; alla litotipografia Biavasco; allo stabilimento tipografico Gissi e Avellino; allo Stab. Litografico dei Fratelli Grimaldi, di cui è nota l'immagine di «san Nicola benedicente» realizzata per la deputazione cittadina nel 1895 su disegno di N. Petruzzelli.

Nel campo della produzione litografica si distinsero in modo particolare due artisti operanti a Bari, entrambi incisori e proprietari di stamperie litografiche: Tiberio Pansini – con la bottega presso il palazzo dell'Intendenza, «fornita di cinque torchi, due macchine per litografie, accompagnato il tutto da numerosi caratteri e duecento pietre litografate» – e

Sant'Antonio Abate, cromolitografia
(LTF Altavilla, Napoli, XVIII sec.).

Giuseppe Sorace.
Dei due personaggi A. Perotti ci ha lasciato una colorita descrizione in due articoli scritti nel 1922, in occasione della «Prima Mostra Provinciale d'Arti» tenutasi il 30 maggio 1841 (dove il Pansini appare nella duplice veste d'organizzatore e di espositore), e nel 1909, in occasione del matrimonio di Francesco II, il 3 febbraio del 1859 (di cui Sorace immortalò l'avvenimento, realizzando un'incisione raffigurante l'incontro tra Francesco di Borbone e la futura consorte, la principessa Maria Sofia di Baviera).
Di Tiberio Pansini il Perotti scrive:

Era costui un molfettese, che fattosi a Napoli provetto nel disegno e nel meccanismo litografico, era da pochi anni venuto a Bari a fondarvi un'officina di litografia. [...] La varia operosità di Tiberio Pansini andava dai quadri calligrafici alle porcellane dipinte, imitazioni di Capodimonte [...], tazze e piatti con le solite scene mitologiche e storiche o con paesaggi e fiori, da ingannare i poco esperti e da meritare, più per l'audacia del tentativo che per la perfezione dei risultati, il compiacimento degli intenditori. Ma il suo trionfo fu la litografia, a pastello nero e a colore: un Ecce Homo del Giordano [...] e molte altre tavole riprodotte e inventate. Si provò anche nella cartografia, questo multiforme artefice, che non divenne né ricco né celebre, ma cui spetta il merito di essere stato il primo ad introdurre nella nostra città un laboratorio e una modesta scuola d'arti grafiche.

Giuseppe Sorace era invece

un napoletano trapiantato da un pezzo fra noi, dove viveva delineando figure di santi e scenette libertine. Non ispregevole disegnatore, restano di lui alcune illustrazioni di libri, come quelle dei Sacri Pastori *del Garruba e quelle dei* Racconti *del De Felice. Posava ad artista e la sua figura bassa e tarchiata, con un gran barbone a mosaico e l'immancabile tuba, era caratteristica e notissima. Ebbe una litografia in Piazza Mercantile, nei pressi del leone.*

Tra gli artisti ci fu anche reciproca collaborazione, come attesta la pubblicazione nel 1845 dell'elegante album-cofanetto *I funerali dell'imperatore Napoleone*, prodotto dallo stabilimento poligrafico Pansini con all'interno dieci tavole litografiche del Sorace, raffiguranti il trasferimento delle spoglie dell'imperatore Napoleone Bonaparte dall'isola di Sant'Elena a Parigi e i solenni funerali; o la realizzazione del ritratto del

Santino devozionale (Società Lit. San Giuseppe, Modena 1887).

sovrano Ferdinando II di Borbone del 1848 su fazzoletti di seta.
Un ruolo importante per la produzione, vendita e diffusione delle immagini religiose popolari svolse la bottega di Vincenzo Guerra verso la metà dell'Ottocento, seguito poi dal figlio Michele fino alla metà del Novecento, considerati una specie di *colporteurs* baresi, come si evince da un'inserzione pubblicitaria (giugno 1891) del settimanale barese «Il Folletto Verde»:

Fabbrica e Deposito di Mobili – Fondato nel 1865 – Vincenzo Guerra – Bari, Piazza Mercantile nn. 2-3. Si eseguiscono cornici di ultima novità di Germania per fotografia, ingrandimenti a prezzi modicissimi. Detto magazzino trovasi pure fornito di parati di chiesa in candelieri di diverse dimensioni in legno dorato e in metallo, statue sacre così in legno che in creta di buoni artisti: campane di cristallo, corone di fiori in porcellana e uno svariato assortimento di oggetti religiosi, come pure figure sacre e profane in oleografia dei principali stabilimenti di Francia e Germania.

Molte immagini erano di proprietà della stessa ditta, su disegni realizzati dai pittori di soggetti religiosi come Michele Montrone, e prodotte nello stabilimento litografico svizzero siglato «KFZ», raffiguranti per lo più san Nicola.
L'invenzione della fotografia, affermatasi in modo particolare verso il 1870, portò una ulteriore variante all'immagine popolare, sostituendo definitivamente la cromolitografia con immagini incollate su un fondo preparato a stampa, con cornice floreale. Un esemplare tipico è la stampa religiosa del 1902 realizzata dal «Prem. Stabilimento Avellino & C. di Bari» per conto della ditta «Fototipia Lopez» da parte del fotografo barese «Michele Lopez fu Ludovico» che, dopo varie esperienze nel campo fotografico, concentrò i sui lavori esclusivamente sulla tecnica della fototipia dal 1890 al 1955.

Anastasi
(discesa di Cristo al Limbo)

Bassorilievo in pietra calcarea
XI-XII secolo
Scultore pugliese-bizantino

6

Strada Bianchi-Dottula
(androne del Palazzo omonimo)

Al colmo della rampa di scale, la scultura rappresenta il Cristo – a sinistra, con la croce astile – che tende le braccia ai protoparenti Adamo ed Eva, liberati dal Limbo.
A destra il re David, cinto da corona, svolge il rotolo della profezia che annuncia l'evento, con gesto della mano benedicente alla greca.
La scultura, di riempiego, doveva far parte probabilmente di un pluteo o di una transenna di dimensioni più ampie (come supposto da H.S. Schuchardt), relativi all'arredo dell'antica chiesa bizantina dedicata a san Nicola dei Greci eretta dalla famiglia bizantina dei Dottula: un monastero ortodosso, di fondazione imperiale (di Costantino VIII: 1025-28), ripetutamente ricordato nei documenti del *Codice Diplomatico Barese* fino al XIII secolo, sorto nei pressi della «Porta Vetus».
All'interno del Palazzo si trova anche un' «edicola» o finestra, assemblata, con capitelli a telamoni e arpie, dell' XI-XII secolo, sormontati da colonne sulle quali poggia un arco mistilineo settecentesco decorato da sculture raffiguranti una scena dall'incerto significato.
Al suo interno, in passato, era conservato forse un affresco, andato disperso nel corso dei secoli.

IHS XPS

Scena di Crocifissione

Olio su rame
XIX-XX secolo
Pittore locale (M.Montrone ?)

Corte San Pietro vecchio

Ridipinta nel 1943 da Costantino Bonsante, la scena di Crocifissione è più articolata rispetto alle altre dello stesso soggetto, per la presenza accanto alle tradizionali figure della Maddalena, di san Giovanni e dell'Addolorata, dei santi Nicola e Rocco ai lati estremi, in un adattamento di una scena di genere al sostrato devozionale più spiccatamente locale.
Un fascio di luce investe da sinistra soprattutto il volto delle figure ed il corpo di plastica anatomia del Crocifisso, in posizione ritorta, capo reclinato, morente, coperto soltanto dal bianco perizoma.
San Nicola, nel consueto abbigliamento episcopale, è raffigurato in ginocchio appoggiato al pastorale, con il Vangelo e le tre sfere nella mano sinistra.
A destra san Rocco, supplice, è rappresentato anch'egli con il suo tradizionale abito da pellegrino.
L'impostazione della scena, il disegno delle figure e la scelta dei colori inducono ad attribuire anche questa Crocifissione a Michele Montrone o alla sua bottega.

INRI

I Santi Nicola e Giuseppe

Olio su tela
XIX-XX secolo
Pittore locale

Corte Lasciafareadio (androne)

Il piccolo «dittico», che si trova in una fra le più pittoresche corti di Bari vecchia, ritrae insieme il patrono di Bari e san Giuseppe, stanti e in posizione frontale.
San Nicola è raffigurato benedicente alla latina, con l'Evangelario sormontato dalle sfere (sorretto verticalmente nella mano sinistra) e rivestito di abito episcopale orientale composto da tunica e dalmatica crocesignata, secondo il tipo di una statua lignea settecentesca conservata nella chiesa di San Gregorio.
San Giuseppe indossa una tunica di color verde e un mantello marrone, con il bastone, su cui è fiorito il «giglio dell'elezione», stretto nella mano destra.
Per talune similarità stilistiche e formali con la tela della scheda nr. 9, il piccolo «dittico» potrebbe essere attribuito alla stessa mano.

Madonna Addolorata

Olio su tela
XIX-XX secolo
Pittore locale

9

Corte Lasciafareadio (androne)

L'immagine, all'interno di un ovale (oggi in stato precario di conservazione: vedi fig. *a fianco*), raffigura la Vergine Addolorata stante ed in posizione frontale.
Vestita di tunica e velo nero, lungo, dal capo fino ai piedi, stringe fra le mani giunte un fazzoletto bianco, sotto la cintura dorata stretta in vita. L'abito, decorato nella parte inferiore da motivi ornamentali a racemi, è ispirato a quello delle numerose statue mariane delle chiese della città vecchia. Il capo coronato è vistosamente inserito in un'aureola di color giallo-oro.
Particolarmente espressivo il volto della Vergine, soffuso di serena melanconia, unico segno di vita emergente dall'involucro nero del lutto.

Madonna Odegitria

Olio su tela
XVII-XVIII secolo
Anonimo

Corte Macario

In un'elegante edicola in legno, adorna di corona di fiori, messa in risalto dai colori ambrati dei volti su fondo scuro, appare la Madonna Odegitria sedente in trono (ma raffigurata a mezzo busto, con il Bambino invece a figura intera, sorretto in grembo e in posizione frontale).
La Vergine, col capo reclinato, è colta di tre quarti, con lo sguardo rivolto allo spettatore.
L'Odegitria indossa una tunica color rosato con lumeggiature biancastre, decorata da una vistosa fascia di gioielli e stretta in vita da un cingolo annodato. Il *maphòrion* di color celeste, decorato dalla consueta croce-stella, scende dal capo coprendo le spalle per intero.
Il Bambino, avvolto in panni bianchi dalle leggere trasparenze, tende le braccia verso la madre, mentre su una mano è posato l'uccellino, elemento caratteristico della iconografia locale. Dai colori vivaci e a tocchi quasi «impressionistici» le corone sul capo, le ciocche di capelli e gli abiti. Il dipinto è da considerarsi una fra le più belle copie della tavola dell'Odegitria di Francesco Palvisino (nato tra il 1530 e il 1540) o di Nicola Porta (1710-1784), conservata in Cattedrale (da cui l'edicola dista infatti poche decine di metri), ma con accentuate caratteristiche «bizantine» delle figure, come ad esempio le profonde ombre degli occhi o il profilo semilunato del volto della Vergine, il taglio del naso, il lungo collo, ecc.

Madonna Addolorata

Statua miniaturistica (terracotta e stoffa)
XX secolo
Anonimo artigiano locale

Corte Macario

La statuina – chiusa in un tabernacolo di marmo con timpano cuspidato –, di vivace impatto emotivo, ha testa ed arti di terracotta (il capo è adornato da una piccola corona di rame dorato) ed è rivestita di abiti di raso confezionati dai devoti, ad imitazione del grande simulacro ligneo settecentesco dell'Addolorata custodito presso la chiesa di San Giacomo, o di quelli delle chiese di Santa Teresa dei maschi e di San Gregorio, pertinenti ai «Misteri» della processione del Venerdì Santo.
L'abito del tutto nero che avvolge la statuina è ravvivato da pizzi e merletti bianchi intorno al collo e alle mani; un vistoso fazzoletto ricamato e il consueto spadino infitto nel petto replicano gli attributi iconografici tradizionali dell'Addolorata.

M SS A

Madonna Assunta tra i santi Nicola e Sabino

Statue in pietra calcarea
XVII-XVIII secolo
Scultore meridionale

12

Piazza Odegitria, Cattedrale (Portale maggiore)

All'estremità della trabeazione aggettante a dentelli del Portale maggiore della Cattedrale sono raffigurati i patroni della città: i santi Sabino e Nicola con al centro, entro una esedra a paraste sovrapposte, sormontata da un timpano arcuato, l'Assunta.
La Vergine, sostenuta da una nuvola, con lo sguardo rivolto al cielo, è rivestita di tunica lunga fino ai piedi, mentre le mani giunte reggono il mantello disposto in larghe pieghe eleganti.
Alla sua destra il vescovo Sabino – raffigurato in età avanzata, con barba fluente, benedicente – è rivestito da abbigliamento episcopale latino, con il capo coperto dalla mitria e da una tunica stretta alla vita dal cingolo, mentre regge nella mano sinistra l'Evangelario.
Nicola è ritratto invece, alla sinistra della Vergine, con barba a boccoli, mano destra benedicente alla greca e Vangelo sormontato dalle tre sfere. Indossa i capi consueti dell'abbigliamento episcopale bizantino: tiara orientale, tunica, *phelònion* e lungo pallio con croci.
Le sculture, dal modellato plastico e mosso, mettono in risalto i volti quasi parlanti dei santi e la loro posizione vivamente animata dalle braccia alzate, cui ben si adattano i panneggi a gonfie volute in san Sabino e a pieghe più sobrie e larghe in san Nicola.
Incerto è l'anno di realizzazione e di sistemazione delle tre statue. Interventi strutturali ed ornamentali sulla fabbrica del Duomo si ebbero già durante l'arcivescovato di Diego Sersale (1638-1665), così come scrive il D'Addosio, secondo il quale nel 1646 «l'arcivescovo sostituì l'antico soffitto ligneo con una nuova copertura; inoltre fece sovrapporre alle due porte minori nell'interno della facciata due grandi ed eleganti coretti, sulla porta maggiore l'orchestra e un organo superbo, mentre la facciata si arricchì di nuovi portali barocchi»; o nel periodo dell'arcivescovo Muzio Gaeta (1736-1754) che, verso il 1737, commissionò l'imbarocchimento della Cattedrale all'architetto napoletano Domenico Vaccaro. Il Mola a tal proposito, nel 1774, scrive che il prospetto «rinnovato è di ottimo disegno, ornato di nuove statue di marmo».

Madonna Addolorata tra i santi Nicola e Sabino

Olio su rame
XVIII-XIX secolo
Anonimo

13

Corte Tancredi (androne)

Nell'imbotte della volta, decorato da cielo stellato, su una mensola a balconcino si trova l'olio su rame con la rappresentazione dei tre santi patroni della città. La recente ridipintura (1999), eseguita da tal Donatello Mazzone, ha purtroppo stravolto gravemente il dipinto originario, mutando persino l'iconografia della Madonna Addolorata (vedi fig. *in basso*), sostituita arbitrariamente con quella della Madonna di Lourdes.
Il «trittico» rappresentava, a mezzo busto, la Vergine tra i santi Nicola e Sabino, rivestiti degli abiti episcopali (latino l'uno ed orientale l'altro) e con i consueti attributi iconografici, entrambi rivolti verso l'Addolorata, posta al centro.
Sia della Vergine che dei due santi s'intravvedevano nel rame originario soltanto i lineamenti dei volti e il disegno a malapena conservato di abiti, corona e mitrie vescovili, con qualche striatura e luminescenza sui mantelli, e le mani.
Per l'impostazione della scena, l'iconografia dei santi, lo stile e i colori, l'edicola può essere accostata a quella conservata in Strada San Sabino (cfr. vol. IV pag. 80) ed attribuita allo stesso pittore.

Madonna Odegitria

Olio su rame
XIX-XX secolo
Michele Montrone

14

Corte Carducci

Sotto la volta dipinta a cielo stellato, in una recente edicola a stipiti di marmo e timpano cuspidato, si trova il bell'olio su rame del pittore barese Michele Montrone raffigurante l'Odegitria, copia della immagine di Francesco Palvisino della Cattedrale, più volte adoperata come modello iconografico. La Madonna, ritratta a capo chino, regge con il braccio sinistro il Bambino, in posizione frontale, seminudo, con un uccellino posato sulla sua mano destra. L'Odegitria, coperta da un mantello riccamente ornato da frange e motivi a croce-stella, ha la corona sul capo, così come il Bambino.
Di grande effetto chiaroscurale è il fascio di luce proveniente da sinistra, che mette in risalto sia il plasticismo delle figure (vedi ad esempio il corpo del Bambino), sia la eleganza del panneggio nelle varie tonalità del giallo-oro su fondo scuro.
Un dipinto analogo si conservava fino alla fine degli anni Ottanta in Corte Garritta, firmato e datato: «Michele Montrone pinse – A.D. 1886 – A spese dei devoti» (vedi fig. *a fianco*).
Il gran numero di opere del Montrone nelle edicole religiose è dovuto al fatto che il pittore «tenne bottega» a Bari vecchia in «Strada San Vito nr. 16» (attuale via Ruggero il Normanno), secondo quanto indicato nell'«Annuario storico-statistico-commerciale di Bari e Provincia» del 1882-83 (sotto la voce «pittori, indoratori e decoratori»). Si tratta di un artista assai versatile e prolifico, autore di numerosissime pale d'altare per le chiese di Bari e provincia, che non disdegnava però la pittura minuta devota e la decorazione delle «bottiglie della Manna», riscuotendo grande successo e favore fra i committenti di chiese e di strada.

MARIA SANTISSIMA
DI COSTANTINOPOLI

DOLCI SANTI: FESTE E GASTRONOMIA

di Pietro Squeo

Oltre ai ben noti menù e piatti tipici legati alla Pasqua (il Benedetto, l'agnello, la scarcella, i taralli *scileppati*, l'agnellino di pasta reale, ecc.) e al Natale (le *carteddate* su tutto), i cultori della tradizione non mancano di celebrare alcuni altri appuntamenti gastronomici legati alle ricorrenze dei santi di casa nostra. Si dice che *L'Epifania tutte le feste porta via*, tuttavia...

Si ricomincia il 17 gennaio, festa di Sant'Antonio abate (*sant'Andêne*), che segna anche l'inizio del Carnevale.

Sant'Antonio abate, padre del monachesimo, spogliatosi di tutte le sue ricchezze consacrò la sua vita a Dio, vivendo in solitudine nel deserto egiziano, e sostenendosi di quel poco che riusciva a coltivare, opponendosi alle seduzioni del demonio che – invano – tentò in varie sembianze e con terribili allucinazioni di allontanarlo dalla sua vita di preghiera e santità. Aveva 105 anni e «vista e udito ancor perfetti e tutti i denti sani» quando morì nel 356; il suo culto si diffuse immediatamente in Oriente in quanto asceta e padre spirituale dei monaci, mentre in Occidente si enfatizzò il suo ruolo di guaritore, esorcista e santo protettore.

Avendo Sant'Antonio soggiogato il demonio, è anche considerato il vincitore del male (*Sant'Antonio, gran nemiche de lu demonio*) e, secondo una tradizione popolare, è il custode dell'Inferno a cui sottrae alcune anime, ingannando i diavoli con abili stratagemmi. In più, per questo rapporto col fuoco, egli era invocato per scongiurare gli incendi (*Da pericule, male e lambe, sant'Antonie ce ne scampe!*), e per proteggersi dalle malattie contagiose quali l'*herpes zoster*, che funestò spesso l'Europa tra il X e il XVI secolo, noto ai più proprio come «fuoco di sant'Antonio». Da tale malattia ci si curava con il lardo del maiale che, non a caso, figura nella iconografia a fianco del santo. Antonio è protettore di altre attività, a cominciare dall'agricoltura e dall'allevamento degli animali, e a tale cura è legata la tradizione di far benedire nel giorno della sua festa gli animali domestici; era anche il protettore dei fornai, dei venditori di legna, dei guantai, dei tessitori e tosatori, dei beccai e salumieri, dei pittori (per via delle setole dei pennelli ricavate dai maiali), dei cavalieri e, infine, anche dei becchini (per aver sepolto nel deserto il corpo di san Paolo Eremita).

A Bari vecchia è ancora in uso la benedizione degli animali presso la chiesa di Sant'Anna in via Palazzo di Città, dove è custodita una bella statua lignea di sant'Antonio, un tempo allocata nella chiesetta a lui intitolata in via Manfredi, sotto il Fortino, dove la cerimonia della benedizione delle bestie da lavoro, oggi praticamente scomparse, aveva negli anni passati ben maggiore rilevanza e affluenza popolare, con luminarie, arrosti di *fegatidde e gnemerjidde*, musica allegra della *banne de le chiacune*.

A Sant'Andène masckere e sène (suoni); comincia dunque il Carnevale, ed ecco apparire sulla tavola frittelle, *frittue e frisciarìedde*, pettole semplici o con *l'alisce du sprone*, panzerotti, *calzengìedde che la carne du puèrche, che l'alisce du sprone, che la recotte asckuande*, che la cèpodde e un tempo anche con i ciccioli, *le sfrinzeue*, per chi non poteva permettersi la carne. Infine, le «chiacchiere», sottili strisce di pasta fritta cosparse di zucchero a velo e cannella, il cui nome deriva dalla leggerezza e dalla quantità che è possibile mangiarne senza tuttavia saziarsi. E ancora, confetti e sanguinaccio.

Segue, festeggiato il 3 febbraio, San Biagio vescovo e martire. Secondo una tradizione molto diffusa, Biagio nacque da una nobile e ricca famiglia di Sebaste in Cappadocia e, prima di essere consacrato vescovo, fu un medico che ad ogni ora del giorno e della notte visitava ricchi e poveri, portando loro sollievo corporale e conforto spirituale, e

Figure di san Nicola di cioccolato e marzapane (foto di Pierluigi Lavermicocca).

altrettanto fece da vescovo. Durante la persecuzione contro i cristiani da parte di Agricola, governatore della Cappadocia, Biagio si rifugiò in una grotta abitata anche da animali selvatici, inclusi leoni, tigri ed orsi, prendendosi cura di loro quando erano malati o feriti. Ma venne scoperto da alcuni cacciatori alla ricerca di animali per i combattimenti nell'anfiteatro; trovatolo incolume tra le fiere, lo credettero uno stregone e lo condussero dal governatore. Durante il tragitto una donna chiese il loro aiuto perché un lupo aveva preso il suo maiale, e Biagio intervenne, persuadendo il lupo a liberare il maiale indenne. Ciò nonostante il governatore lo condannò alla fustigazione e a morire di fame in prigione, ma la donna, riconoscente, gli fece ottenere pane, vino e piedi e testa del maiale salvato dal lupo, e candele per illuminare la sua buia cella. Scopertolo ancora vivo, Agricola ne ordinò allora il martirio e la morte per decapitazione, eseguita dopo la scarnificazione con scardassi (pettini di ferro usati per cardare la lana) ed altri tormenti come immersioni in acqua gelata. Era il 316 d.C. San Biagio venne presto venerato in Oriente e in Occidente. Per la sua festa è diffuso il rito della «benedizione della gola»: l'atto si collega a un'altra tradizione secondo cui il vescovo Biagio avrebbe prodigiosamente liberato un bambino da una spina di pesce che gli si era conficcata in gola. A Bari anche questa tradizione è mantenuta nella chiesa di Sant'Anna, che conserva una bella statua lignea del Santo e una tela con la scena del martirio: dopo la messa il celebrante appone incrociate sulla gola dei fedeli due candele benedette il giorno prima, festa della Candelora, per scacciare e prevenire il male «per intercessione del santo Biagio episcopo»; quindi consegna loro un sacchetto contenente un'immaginetta del santo e tarallini da usare all'occorrenza per liberare la gola da eventuali schegge o spine di pesce. Oltre che degli animali selvatici e di tutte le persone che soffrono di tosse e di malattie della gola, san Biagio è il patrono degli otorinolaringoiatri, degli agricoltori, dei cardatori, dei materassai, dei fabbricanti di candele, dei suonatori di strumenti a fiato e dei cantanti.

Il 19 marzo San Giuseppe, festa dei papà, è celebrato a Bari con le immancabili zeppole e qualche superstite falò. L'origine delle zeppole risale probabilmente agli antichi Romani, che usavano consumarle il 17 marzo durante le *Liberalia*, feste in onore del dio Libero, meglio noto come Bacco, nume della fecondità e dei raccolti e, naturalmente, del vino e delle libagioni. Per l'occasione la città in festa era attraversata da cortei famigliari che accompagnavano in Campidoglio i giovani sedicenni che in questo giorno avrebbero vestito la toga virile divenendo ufficialmente adulti; nelle strade si mangiavano le *frictilia*, nastri di pasta dolce fritta, preparate dalle anziane *sacerdotes Liberi* con dei piccoli fornelli portatili, offrendone una parte al dio Libero sul piccolo fuoco.

I pasticceri baresi sono maestri nella preparazione di questa dolce ciambellina guarnita di crema e amarene, di cui esiste anche una meno calorica versione al forno, per cui il suo consumo va ben al di là della ricorrenza. Padre e sposo ideale, san Giuseppe è il patrono delle famiglie, dei falegnami e degli artigiani e operai in genere, degli emigranti e dei senzatetto (per la fuga in Egitto e per non aver trovato alloggio a Betlemme), ed è perciò invocato da chi cerca casa. A lui ci si affida per una buona morte, presumendo che sia spirato tra le braccia di Gesù, e contro l'usura, tanto è vero che i primi Monti di Pietà erano chiamati Monti di san Giuseppe.

L'origine dell'usanza dei falò è dovuta alla quasi coincidenza del 19 marzo con l'equinozio di primavera, in cui era d'uso bruciare oggetti vecchi e inservibili in grandi fuochi con funzione purificatrice e rigenerativa. Fino a qualche anno fa in ogni quartiere i ragazzi raccoglievano tutto quello che potesse servire per l'accensione di grandi fuochi, le cui ceneri e i cui tizzoni ancora ardenti venivano portati nelle case a scopo benaugurale.

A maggio, durante i festeggiamenti che rievocano la traslazione di san Nicola, i pellegrini non mancano di portar via, assieme ai souvenir e alla frutta secca, soprattutto i *mescuitte*, i pani biscotto (quasi una galletta), anticamente utilizzati da chi affrontava lunghi viaggi per terra o per mare, che sono distribuiti dai Padri Domenicani rettori della Basilica. È avvincente lo spettacolo offerto da queste grandi collane di ciambelle che appaiono come abbracciate tra di loro, quasi a testimoniare come il nostro santo riesca ad affratellare le genti. Altrettanto singolari e folkloristici sono i capigruppo delle compagnie dei pellegrini che mettono a tracolla le collane di *mescuitte*, abbinandole a telefoni cellulari e a zainetti di tendenza.

Grande è la devozione per sant'Antonio da Padova, protettore di orfani e bimbi ammalati, santo dei miracoli per antonomasia, che può compiere secondo la tradizione popolare fino a tredici miracoli al giorno e che, oltre a ridare la vista ai ciechi, la parola ai muti e l'udito ai sordi, ha il patrocinio perfino del ritrovamento degli oggetti smarriti e dell'arrivo della posta. In memoria del suo funerale, che si svolse martedì 17 giugno 1231, persiste la consuetudine dell'«orazione del martedì», officiata nei tredici martedì che precedono la festa e, ancor più, la devozione del «pane dei poveri», una elemosina elargita per ricordare uno dei miracoli più conosciuti del santo portoghese: una madre, disperata per la morte del proprio figlioletto, trovato annegato in una tinozza, aveva scongiurato il santo di

Un rito antico, anzi nuovo: pellegrino con taralli e... cellulare, in Piazza San Nicola (Bari).

rianimarlo promettendo che avrebbe donato ai poveri una panificazione corrispondente al peso del bambino. Esaudita, la donna mantenne la promessa e, da allora, diffusasi la notizia del miracolo, i devoti iniziarono ad accompagnare la richiesta di qualche grazia con offerte di pane agli affamati.
A Bari nel giorno della festa, ovviamente il 13 giugno, nella chiesa dedicata al santo annessa al convento-parrocchia dei Frati Minori nella piazzetta omonima, durante le numerose messe, se ne distribuiscono grandi quantità, di varia foggia e pezzatura, anche se

il tipico pane di sant'Antonio è quello dalla forma intrecciata detta a *scijglione*, da *chignon* ovvero nodo, che viene donato anche ad amici e parenti.
Non è raro tuttora incontrare bambini e bambine che, in seguito ad un voto della famiglia, per grazia ricevuta, indossano un piccolo saio francescano. Anche nella città vecchia questa tradizione è mantenuta viva grazie alle celebrazioni liturgiche e ai festeggiamenti organizzati dalla Confraternita di Sant'Antonio di Padova in San Marco dei Veneziani.
Ben più ricco il menù per la sera della vigilia del «Natale d'estate», la Natività di san Giovanni Battista. Santificato sin dal seno materno, Giovanni, «il più grande tra i nati di donna», nacque esattamente sei mesi prima di Gesù, il 24 giugno, ed è l'unico del quale si celebrano liturgicamente sia la nascita che il giorno della decapitazione (29 agosto), avvenuta per aver duramente condannato l'unione del tetrarca Erode Antipa con la cognata Erodiade, che incitò sua figlia Salomè a chiederne la testa.
Giovanni fustigava l'ipocrisia e il malcostume e predicava il rigore morale, per cui quella del «sogno di mezza estate», quasi coincidente con il solstizio, in cui le streghe si danno appuntamento per i loro sabba, è considerata una notte di prodigi e sortilegi, propizia per interrogare il futuro e stringere rapporti di comparatico e d'amicizia. *San Giovanni non tollera inganni*, e perciò saldissimi erano i vincoli che si instauravano a Bari tra i «compari di san Giovanni», che si scambiavano *la parole de simbatì*, festeggiati da amici e parenti intorno alle festose tavole imbandite all'aperto, su cui imperavano *vermecìiedde alla Sangenuannidde* ovvero conditi con una salsa a base di aglio, olio, pomodori, alici salate, olive, capperi e peperoncino, *menuichhie* conditi con sugo di cotiche di maiale e ben spolverati di ricotta

San Giovanni Battista, medaglione in oro e smalti policromi (The Metropolitan Museum of Art, New York).

marzotica, *ccrùte e sopatàue* e fioroni a volontà, come ben sottolineato dal detto *A san Giuanne, auuand chelumme e ammìne 'ngànne* (prendi fioroni e buttali in gola). Al termine del pranzo, quando tutti erano ben rifocillati ed allegri, si dava inizio alle danze per giungere, alla mezzanotte, a suonare trombette di latta e strumenti improvvisati per svegliare il santo dal sonno letargico (pare dormisse da tre giorni e tre notti quando fu svegliato dal Signore).
All'alba il sole, che comincia a decrescere, farebbe tre salti come la testa del santo; anche le erbe hanno un potere speciale, per cui è d'uso cogliere e mettere in infusione le noci per la preparazione del «nocino», futuro toccasana per digestioni elaborate.
Protegge albergatori e ragionieri, musici e ballerini, sarti e tintori, fabbri e spazzacamini, astemi e osti. Invocato contro demoni, streghe, fulmini, grandine, vertigini, convulsioni, paura e smanie; protegge infine il vincolo del comparatico.
Dopo la tregua estiva, il 15 settembre, in occasione della celebrazione della Madonna Addolorata, si faceva la festa ai galletti, un tempo allevati nelle case, giunti all'età giusta per ben figurare con contorno di patate in una teglia cotta nel forno a legna. Da qui la denominazione di *Madonna de le gardìidde* associata alla Addolorata. In qualche corte sopravvive ancora l'usanza di allestire a cura degli abitanti gli «altarini dell'Addolorata», scenografici addobbi floreali a raffigurazioni della Vergine.
Ed ecco cominciare il conto alla rovescia per il mese clou del calendario religioso-gastronomico barese: dicembre. A Santa Cecilia (22 novembre), patrona dei musicisti, i primi canti natalizi, *A Sant'Andreè* (30 novembre) *Natale a vintitré, ci megghjie uè chendà vintiquatte n'ada acchià.*
Il 6 dicembre, festa liturgica di San Nicola, è d'obbligo per i Baresi recarsi in Basilica a

rendere omaggio alle reliquie del Patrono e partecipare alle funzioni religiose, che iniziano alle cinque del mattino con la messa celebrata dal Padre Priore. Sin dalle prime ore della notte la città è animata da persone di ogni età che si recano a piedi in Basilica e nella città vecchia; dopo diviene quasi impossibile camminare: la folla disordinata di devoti, ma anche di tanti curiosi richiamati «dall'evento», rende ardua impresa riuscire ad entrare in chiesa, ma il magnifico spettacolo della Basilica stracolma di fedeli e la benedizione del Patrono fanno superare ogni disagio.
Per tradizione le ragazze che aspirano ad un buon matrimonio affollano la cripta e girano per tre volte intorno alla colonna miracolosa nell'auspicio che san Nicola faccia loro trovare l'uomo giusto. Infine, la degustazione di cioccolata calda e savoiardi nei bar del quartiere, ma i più non disdegnano anche l'assaggio delle *sgagliozze* e delle *popizze*,

preparate agli angoli delle strade. Per l'occasione il Panificio Fiore, in via Palazzo di Città alle spalle della Basilica, prepara delle piccole formelle di pane con l'effigie del Patrono da conservare a casa per tutto l'anno. Un assaggio di focaccia non è mai di troppo.
Il giorno dopo, 7 dicembre, è la prima vigilia, quella dell'Immacolata, quasi una prova generale del Natale, in cui l'intera famiglia si riuniva all'imbrunire, celebrando la festa con panzerotti, pesce, baccalà e «odori di Natale», dopo aver digiunato per l'intera giornata. Il giorno dopo si allestiva il presepe o l'albero.
Anche a Santa Lucia (13) si fa vigilia, ma nello stesso giorno, digiunando fino al pomeriggio. Un tempo i forestieri venivano per una statua della santa in Basilica e, per l'occasione, acquistavano il baccalà nelle pescherie della città vecchia. Lucia, il cui nome significa «colei che è nata alle prime luci del mattino», è pregata come annunciatrice di pace e di luce, ed invocata contro le malattie degli occhi. Nel giorno della sua ricorrenza, una moltitudine di Baresi si reca alla chiesa di Santa Scolastica al Porto, in fondo a via Venezia, per rendere omaggio alla bella statua coronata di fiori della santa, affidandole la tutela della propria vista. Un'altra bella statua di Lucia si trova in una piccola chiesa affidata alla cura del vicinato in via Arco Alto, nei pressi dell'antico forno a legna ancora esistente, ed è anch'essa meta di fedeli che usano portare in dono olio per l'alimentazione delle lampade votive.
Sulle spianatoie collocate fuori dalle porte dei bassi, sono già stese ad asciugare le prime *carteddate,* e nelle case si comincia la preparazione dei dolci natalizi, ma il 13 dicembre è il giorno degli «occhi di Santa Lucia», piccoli taralli dolci ricoperti di zucchero che vogliono ricordare nella forma gli occhi che la santa, secondo la leggenda, si strappò prima della morte, per ribadire il rifiuto alla richiesta di matrimonio di un giovane che di quegli occhi si era innamorato e che, respinto, l'aveva denunciata come cristiana. Il dolce sapore dei tarallini di santa Lucia, unito ai profumi intensi che si sprigionano dalle case e dai forni a legna superstiti, annuncia prepotentemente l'arrivo della grande festa del Natale del Signore. Ma questa è tutta un'altra storia...

Crocifissione

Tempera su cartone
XIX-XX secolo
Pittore locale

Corte Carducci

Entro una cornice di legno recente affissa sulla parete, è contenuto il riquadro che raffigura il Crocifisso, dal corpo teso ed arcuato, mentre si rivolge alla Vergine rappresentata a destra in forme e vesti solenni e grevi, nell'inconsueta iconografia con le braccia aperte. A sinistra si scorge appena la figura di san Giovanni, anch'egli in abito e attitudine diversa dal solito (con le braccia protese?).
Lo sfondo quasi monocromo, di un cupo colore scuro, mette in risalto le forme asciutte e crude del corpo di Cristo, le due figure e le striature biancastre e livide delle vesti, che rendono la scena drammatica e sofferta.
Il dipinto, restaurato e ridipinto verso la fine degli anni Ottanta da tal Rocco Barbarito, era certamente più antico ed ispirato a un modello «colto» di rappresentazione, forse settecentesco, reso con tratti rudemente espressionistici e di forte impatto emotivo popolare (vedi fig. *a fianco*).

San Nicola benedicente

Tempera su cartone
XIX-XX secolo
Vito Dentamaro (?)

16

Corte Carducci

Il recente restauro del quadro, eseguito da R. Barbarito, ha ricoperto ed alterato (così come attestato dalla foto di archivio *a fianco*) i lineamenti originali del volto e dell'abito episcopale del santo, dipinti in una sorta di «prova d'autore» da Vito Dentamaro, seguendo il modello iconografico di incisioni settecentesche di produzione napoletana.
L'immagine attuale raffigura il santo a mezzo busto, benedicente, rivestito di mantello e pallio episcopale. Nella mano sinistra regge il Vangelo con le consuete tre sfere d'oro. Il viso austero e scarsamente illuminato sembra volgere lo sguardo allo spettatore. La gamma dei colori ha comunque perso la vivacità originaria, che appare dappertutto spenta e tendente al monocromo.

Sacra Conversazione (Madonna Addolorata tra santi)

Olio su rame
A.D. 1873
Vito Dentamaro

Corte Alberolungo

Il riquadro, firmato e datato dal pittore Vito Dentamaro, ritrae una sorta di pantheon celeste con l'Addolorata, a figura intera, elevata al centro su una nube, in preghiera, attorniata dalla schiera dei santi più venerati nel sostrato devozionale barese.
A sinistra, piegato sulle ginocchia, è raffigurato san Nicola con lo sguardo rivolto allo spettatore, il volto sereno incorniciato da folta barba, rivestito dei consueti paramenti episcopali in tinte cangianti e ornati finemente. Alle spalle del vescovo è ritratto, quasi in penombra, san Rocco a capo chino, in atto di compunzione. A destra, in ginocchio e a mani giunte è riconoscibile, per la tunica talare nera e la cotta bianca, san Gaetano da Thiene, dietro il quale si staglia, quasi a figura intera, sant'Antonio da Padova rivestito del saio francescano, col giglio e la Regola tra le mani.
Sul fondo di un alone di nuvole luminose, fra teste di cherubini, è proposto il modello iconografico dell'Addolorata largamente adoperato dal Dentamaro in altre edicole religiose (come ad esempio in Strada Zonnelli, Arco della neve, Corte Pavone, ecc.).
Si tratta certamente di uno dei più bei dipinti della città vecchia realizzato dal Dentamaro, il quale, come si evince dall'uso dei colori e dalla impostazione delle figure, orbitava nell'ambito della bottega del coetaneo Michele Montrone.
Un esempio di collaborazione fra i due artisti può essere considerato l'olio su rame raffigurante la Madonna del Carmelo e san Simone Stock (cfr. vol. II, p. 58) in strada Carmine, firmato dal Montrone, ma nel quale il fondo di nuvole luminose, i cherubini e la tonalità dei colori, caldi ed evanescenti, possono essere attribuiti al Dentamaro.

Visitazione della Vergine a Elisabetta

Affresco
XVII-XVIII secolo
Anonimo pittore meridionale

18

Piazzetta 62 marinai nr. 1
(Palazzo Nitti-Valentini, ballatoio)

Nel cortile interno dell'edificio del XVII secolo, sulle rampe delle scale, il pregevole affresco, inserito in una nicchia con cornice centinata, rappresenta una delle scene del ciclo dell'Infanzia di Cristo: l'incontro di Maria con Elisabetta.
L'affresco, come sostenuto recentemente da Mariella Basile (cfr. vol. III, p. 6), si ispira al modello colto della pala eseguita da Federico Barocci per la cappella della Visitazione nella chiesa Nuova di Roma (1586).
La scena dell'incontro si svolge all'aperto, come si evince dallo sfondo del cielo luminoso e dorato, affollato da cherubini, e dal profilo dell'albero alle spalle di Zaccaria, a differenza del racconto evangelico, che colloca l'avvenimento all'interno della casa di Elisabetta.
La Vergine, col capo coperto da velo bianco e rivestita di una tunica color rosso ruggine lunga fino ai piedi, è colta nell'atto di abbracciare la cugina, che con la mano sinistra le sfila il mantello verde e con la destra ne saggia il grembo in stato di gravidanza.
I volti delle due donne sono teneramente accostati l'uno all'altro, mentre in scorcio prospettico diagonale sono le figure di Giuseppe e Zaccaria, che osservano incuriositi l'incontro.
Giuseppe sullo sfondo, colto nell'atto di avvicinarsi, è rappresentato come un uomo maturo dalla folta chioma e dalla lunga barba, a differenza di Zaccaria, raffigurato di profilo, di età avanzata, dalla testa quasi calva e barba bianca, con gli attrezzi da lavoro nella mano sinistra.
La compiutezza e l'animazione della scena, il disegno plastico dei corpi, l'uso della prospettiva, le belle tonalità dei colori ne fanno uno dei minuti capolavori di pittura (non di chiesa) della città vecchia.

Madonna Addolorata

Olio su rame
XX secolo
Pittore locale

Corte Middorusso

Entro un tabernacolo in legno posto sulla facciata di una casa è conservato il dipinto che ritrae l'Addolorata a figura intera, stante e in posizione frontale. Indossa un abito nero ricamato finemente; ha il capo coronato e tra le mani stretto un fazzoletto bianco, mentre il consueto spadino le trafigge il petto. La greve ridipintura del fondo e l'alterazione dei tratti originari della figura lasciano appena intravedere il disegno della Vergine, copia forse dell'Addolorata di Corte Lasciafareadio, attribuita al Dentamaro (vedi fig. *a fianco*).

Madonna con Bambino

Formella in terracotta bicroma
1721 (?)
Ceramista locale

Corte Middorusso

La rara e preziosa mattonella di carattere popolare, sovradipinta da scialbatura bianca, è degna di rilievo per l'essenzialità della rappresentazione, di grande efficacia nella schematica impostazione dei soggetti.
La Vergine, ritratta a figura pressoché intera (ma le pieghe trasversali del mantello accennano forse ad una posizione sedente in trono), sostiene tra le braccia il Bambino nudo, in posizione frontale e di proporzioni sovradimensionate rispetto alla Vergine, al cui volto è proteso affettuosamente il braccio destro.
Entrambi hanno sul capo una piccola corona smaltata verde, dello stesso colore dell'elegante cornice mistilinea della formella.
Il tabernacolo, più grande della mattonella che racchiude, probabilmente conservava in passato un affresco o un bassorilievo, andati perduti.

Madonna del Carmine tra i santi Nicola e Gaetano

Tre oli su rame
XIX-XX secolo
Pittori locali

21

Corte Altini (androne)

I dipinti, racchiusi in un unico riquadro sulla parete della volta a botte, conservati anni addietro ancora in buono stato, costituivano un autentico trittico devozionale, con la rappresentazione delle immagini di culto più diffuse nel sostrato locale. Al centro, dove ora è la stampa su legno della Odegitria, si trovava l'olio su rame raffigurante la Madonna del Carmine in trono che reggeva sulle ginocchia il Bambino, entrambi rivestiti di tunica e mantello dalle eleganti pieghe (vedi fig. *in basso*).

A sinistra è conservata tuttora l'immagine di san Nicola a mezzo busto, benedicente alla latina, con Vangelo e pastorale nella mano sinistra, rivestito del consueto abbigliamento episcopale. Il modello iconografico, analogo ai numerosi esemplari di fine Ottocento dipinti dal Dentamaro e da altri pittori locali, è forse da ricercare in antiche stampe, incisioni, litografie e santini prodotti dalle tipografie baresi in quel periodo.

A destra invece è raffigurato san Gaetano che regge tra le braccia il Bambino, secondo la tradizionale rappresentazione iconografica connessa al culto del santo per il presepe.

Si narra infatti che, mentre celebrava nella cappella del Presepio di Santa Maria Maggiore, dove erano conservate le reliquie della Sacra Culla, nel Natale del 1527, gli apparve la Madonna, che lo invitava a stringere tra le braccia il Bambino.

Attualmente le immagini dei due santi appaiono evanide e consunte per il degrado e l'incuria.

Madonna Odegitria

Tempera su tavola
XIX-XX secolo
Michele Montrone

Corte Azzareo

La tavola, goffamente ridipinta di recente e stravolta con la sovrapposizione all'immagine di stoffe e ricami, ha perso la sua leggibilità originaria, evidenziata invece dalla foto di archivio riprodotta *a fianco*, che lascia intravedere una copia dell'Odegitria realizzata dal Montrone per i devoti di Corte Carducci (cfr. p. 49).
La tavola originaria (anch'essa ricoperta purtroppo da una scialbatura a calce) era forse la copia più vicina per disegno, forma e colori alla celebre icona dell'Odegitria conservata in Cattedrale.
La Vergine è ritratta col capo reclinato verso il Bambino, sorretto – nudo ed in piedi – dalle mani della madre. Entrambi coronati, portavano intorno al collo una collana d'argento, apposta come exvoto dai devoti del vicinato.
I tratti scuri del volto della Madonna e del Bambino ne esaltavano il carattere orientale, richiesto dalla tradizione iconografica (Madonna «nera»).

San Nicola benedicente

Litografia a colori
1912
Stabilimento litotipografico
C. Besozzi - Milano

23
Corte Moscatelli

La litografia, ancor oggi riprodotta dal Capitolo della basilica di San Nicola, ritrae il santo a figura intera nell'atto di benedire alla latina, mentre nella mano sinistra regge il Vangelo ed il pastorale.
L'immagine, dipinta da Antonio Lanave, è la copia della statua lignea del santo custodita nella sua basilica, raffigurata in forma compendiaria dal protiro arcuato sui leoni stilofori del Portale maggiore.
San Nicola indossa i capi consueti dell'abbigliamento episcopale bizantino: tunica e pallio crocesignato, stola lunga fino ai piedi ed *epigonàtion*. In alto nei riquadri ai lati sono rappresentati a mezzo busto Cristo e la Vergine, mentre in basso il miracolo dei tre bambini nella botte e quello della dote alle tre fanciulle.
La stampa, gradevole per il disegno accurato e la raffinata policromia, diffusa in grande e piccolo formato, per uso domestico o personale («santino»), rappresenta una efficace sintesi dei principali fatti e miracoli di san Nicola.

23

Crocifissione

Olio su tela
XX secolo
Pittore locale

Corte Moscatelli

L'opera, singolarissima per il suo carattere schiettamente naïf e popolare, rappresenta, sullo sfondo di un paesaggio roccioso, il Crocifisso con due piccoli angeli reggi-calice ai lati della grande croce su cui è affisso, in posizione rigida e frontale, il corpo livido del Cristo, ai cui piedi è inginocchiata, in analoga impostazione geometrica, la Maddalena.
Il contesto della scena di Crocifissione è ravvivato dal disegno di piccole case di campagna, in un paesaggio meridionale, di grande effetto scenografico, in grado di equilibrare, con l'annotazione minuta dell'ambiente, l'atmosfera plumbea del dramma.

INRI

San Nicola e i tre fanciulli

Litografia a colori
XIX-XX secolo
Produzione industriale svizzera o tedesca

25

Corte Capretti (strada di accesso)

Posta nell'androne di un palazzo, la litografia, custodita entro una elegante cornice di legno dorato e intagliata finemente con motivi ornamentali a palmette e festoni, rappresenta san Nicola a mezzo busto, benedicente, rivestito di abiti episcopali di tipo orientale, con lo sguardo rivolto ai tre fanciulli che emergono nudi dalla botte.
Disposti in circolo, uno di essi è ritto in piedi con le mani levate in preghiera, mentre gli altri due appaiono increduli di essere stati riportati in vita.
Di grande effetto è il drappeggio dell'abito episcopale, dai riflessi cangianti, così come l'incarnato dei bambini e il volto ambrato di san Nicola, intrisi dei colori giallo, bianco, oro e di leggere trasparenze.
L'immagine, assai diffusa nella città vecchia, particolarmente gradevole per il plasticismo e il disegno del santo, risale probabilmente al prototipo dipinto da Vito Dentamaro.

L'ARTE DEI «NICOLARI», UNA MIRACOLOSA SOPRAVVIVENZA

di Nico Veneziani

Il rapporto di consuetudine tra san Nicola e i Baresi è caratteristica unificante di tutto il corpo sociale della città – a partire ovviamente dal borgo antico, in cui le connessioni con rito, devozione e presenza tutelare sono più dirette e rigogliose – e si manifesta attraverso la capillare diffusione dell'immagine del santo, che entra praticamente in tutte le case, nei vicoli e nelle corti sotto le forme più curiose: dalle statue di terracotta, gesso e cartapesta, alle tele, tavole, stampe, incisioni, alle ampolle della Manna, alle mille realizzazioni della fantasia e operosità artigianale che vede riflesso san Nicola in ogni cosa.

Gli oggetti, in altri tempi prodotti in gran numero, testimoniano questo aspetto particolare, quasi che ciascun cittadino, oltre ai veri e propri artigiani o maestri di bottega, non possa fare a meno di sentirsi in qualche modo creatore egli stesso di simboli e messaggi, anche se limitati all'ambito domestico. Una visitazione delle case baresi consentirebbe di scoprire una «galleria di curiosità» davvero insospettata, e tuttavia utile alla comprensione di un fenomeno che crediamo non abbia uguali in nessun'altra città santuario. Gli oggetti prodotti sul tema iconografico «san Nicola» (quelli conservati), costituiscono i reperti residui di un artigianato antico e ricco che un tempo stimolava la vivace attività delle botteghe della città vecchia, specialmente in occasione delle feste di maggio, allorché l'enorme afflusso dei pellegrini assicurava agli artigiani la possibilità di esaurire la produzione di un anno intero.

Oggi tali botteghe sono scomparse senza che si sia avuto il tempo di raccoglierne la documentazione. La cartapesta è una pratica in estinzione: il maestro cartapestaio Bruno e l'ultimo «nicolaro» (il popolare Gigino Lavermicocca), che costruiva soltanto statue di paglia e stoffa, sono ambedue scomparsi; recuperi di carattere élitario e non inseriti in un contesto produttivo non sono in grado di rivitalizzare tali forme di artigianato. Nella produzione ad uso devozionale delle botteghe era conservato il retaggio della lunga tradizione (nata forse con le stesse antiche fiere nicolaiane) e del gusto, che hanno rappresentato per secoli l'unica forma di partecipazione delle classi popolari allo sviluppo della cultura artistica e alla possibilità di goderne anch'esse. Da questo punto di vista, le bottiglie dipinte, le piccole tele, le stampe, i fazzoletti, le immagini devozionali, le statuine di terracotta e tutti gli altri modelli di rappresentazione tuttora conservati costituiscono gli ultimi documenti utili per la «decodificazione» del complesso mondo della cultura popolare.

San Nicola «artigiano» è comunque duro a morire, anzi in tempi recenti si è assistito a una nuova fioritura di attività artistico-artigianali intorno al vecchio tema. In particolare a risultati di rilievo era giunta la bottega del compianto Raffaele Spizzico, produttore di belle ceramiche smaltate (con un forte richiamo al sostrato culturale autoctono regionale, ma calate nella attualità, per la rispondenza al gusto raffinato del colore), di acquasantiere, formelle, statue ed in particolare delle sontuose e fantastiche «bottiglie della Manna» dipinte e smaltate, caratterizzate dalla ricerca quasi filologica della iconografia.

La genesi dei manufatti di Spizzico era tutta nella spinta propulsiva legata al suo radicamento alla città e alle sue tradizioni. In mancanza di un impulso genuino, l'artigianato di san Nicola appare scialbo, accademico, ripetitivo, ed occorre allora cercare modelli di gusto moderno, nuove tecniche, nuovi soggetti e forme.

Lo spirito di un'autentica tradizione popolare, motivata da una subconscia e irrefrenabile attrazione per san Nicola, si può cogliere oggi soltanto nelle opere, numerosissime, di

Angelo Potenzieri, Bottiglia della Manna con scene della vita di san Nicola.

Angelo Potenzieri da Palo del Colle (san Nicola non è amante dei forestieri?), versatile ed ingegnoso pittore, scultore, fabbro, artigiano, autore di incredibili e pittoresche realizzazioni. È sua ad esempio una vera e propria «Cappella Sistina», con tanto di Sibille, Profeti, Padreterno, eseguita nel suo negozio soltanto sulla scorta di una fotografia, o la «Cattedra dell'Abate Elia» (un ricalco), scolpita manipolando accuratamente la pietra tenera. In queste opere (e nelle altre che affollano ovunque il suo laboratorio-fucina) è evidente la vigorosa espressività dell'artista popolare e la capacità di abile riproduttore del passato. Per quanto sia evidente la pretenziosità dei manufatti o delle pitture, nelle innegabili anomalie di disegni e prospettiva, non si può non condividere l'emozione della «sfida» di Potenzieri ed elogiarne l'arditezza dell'impresa e la determinazione.
Ma il campo dove ormai egli eccelle da tempo è quello determinato, come accennato, dall'impatto con san Nicola, riprodotto in centinaia di bassorilievi in pietra, tavole dipinte, tele, cartoni e soprattutto nelle «bottiglie della Manna», così cariche di suggestione nell'immaginario collettivo.
Il suo laboratorio può essere considerato un pantheon nicolaiano, dove la figura del santo di Bari è disseminata ovunque, fra troni dorati, panche, cavalletti, grifi e leoni di pietra, candelabri, statue, campane di vetro. E soprattutto nel soffitto; un'altra «sfida», questa volta al pittore Carlo Rosa, autore di quello celeberrimo della Basilica barese, col quale Potenzieri si misura con un analogo «cielo» a cassettoni, ciascuno con iconografie nicolaiane: scene della vita, miracoli, immagini, simboli, dipinti con icasticità di forme, vivacissimi colori, squarci prospettici di gusto genuinamente popolare, ma di grande impatto emotivo. Anche le tele ad olio, le tavole a tempera, capitelli, edicole, mensole e bassorilievi riscoprono le radici dell'ancestrale tradizione artigianale nicolaiana, fatta propria in modo ammirabile per assimilazione. Ma oggi la sua fervente passione è la produzione delle «bottiglie della Manna», non copiate o imitate, ma create *ex novo* nella materia e nella forma. Oltre che pittore e scultore, Potenzieri si è scoperto vetraio (ha costruito un'apposita fornace) per soffiare liberamente il liquido involucro e trasformarlo nella fiasca o ampolla, su cui dipinge rapidamente e con sorprendente aderenza ai modelli antichi le sue immagini di san Nicola, i tre fanciulli, Adeodato, i pellegrini; sembra la reincarnazione della mano dei Montrone, Dentamaro, Lanave e di tutti gli altri decoratori di bottiglie sante. La rassegna dei suoi vetri è impressionante; assoluta la contiguità del tempo ed il ricalco iconografico: *La devozione per san Nicola* – perché alla fine, la sua arte è un atto di devozione – risale alle celebrazioni del IX Centenario della traslazione delle reliquie, quando fu incaricato – egli, il *genius loci* di Palo del Colle – dal Priore del tempo (P. Damiano Bova) di incidere l'iscrizione commemorativa dell'evento nella Basilica barese, al di sotto del trittico bronzeo di Anna Maria Di Terlizzi, anch'esso prodotto ed esposto per lo storico evento. E così, accanto alle dotte, poetiche e solenni epigrafi del ciborio, delle transenne dei sepolcri, dei capitelli e della facciata, Potenzieri ha tracciato la sua nel solco di maestri lapicidi dell'XI-XII secolo, un autentico epigono di quell'arte, alla cui mano può essere riferito l'elogio inciso sul capitello del ciborio di Alfano da Termoli nella Cattedrale di Bari: «*Cuius qua laudor sit benedicta manus*».

Madonna con Bambino

Bassorilievo in stucco policromo
XVIII-XIX secolo
Bottega artigiana locale

26

Corte Capretti

Il bassorilievo, ridipinto più volte a colori vivaci di gusto schiettamente popolare (giallo, azzurro, rosso e oro), lascia trasparire il modello iconografico della Vergine Odegitria, anche se inconsueto.
La Vergine infatti, rappresentata a mezzo busto, sedente su una nuvola anziché sul trono, sorregge il Bambino in posizione stante, con l'uccellino posato sul dito secondo un tratto comune della Odegitria barese.
La tradizione colta dunque ed il gusto popolare trovano nel bassorilievo un punto di equilibrio, tra forme e colori, che ne fanno un piccolo capolavoro di arte genuinamente locale.

San Benedetto

Altorilievo in pietra calcarea
XVIII secolo
Scultore meridionale

27

Strada Santa Scolastica
(in facciata sulla chiesa omonima)

Sul portale d'ingresso della chiesa settecentesca, all'apice del timpano inflesso, tra le figure di due angeli collocati sui risvolti d'imposta, è collocato l'altorilievo a mezza figura di san Benedetto.
Il santo, con capo calvo e barba fluente, in attitudine di compunzione e benevolenza, è avvolto in una tunica a fitte pieghe, dagli eleganti risvolti, propria del monaco che vive nel cenobio.
Lo scultore ha rappresentato il celebre abate di Norcia con il volto invecchiato ma fortemente espressivo, quasi parlante, a differenza di altri tipi iconografici che lo ritraggono nella solitudine dell'eremo rivestito di pelle di capra.
I due angeli ai lati sorreggono l'uno e l'altro il pastorale (perduto) e la mitria, insegne «episcopali» dell'abate.
Le prime notizie sulle origini della chiesa di santa Scolastica risalgono, nei documenti del *Codice Diplomatico Barese*, all'inizio del XII secolo.

San Nicola fra Adeodato e i tre fanciulli

Tempera su cartone
XX secolo
Pittore locale (Loiacono)

28

Vico del Lauro nr. 6

San Nicola è ritratto a figura intera nell'atto di benedire i tre fanciulli emergenti dalla botte, mentre a sinistra è dipinto Adeodato con la coppa tra le mani e lo sguardo rivolto al santo.
In alto sulle nubi sono raffigurati Cristo e la Vergine a mezzo busto, che gli restituiscono le insegne episcopali. Il dipinto, di carattere fortemente popolare, è copia del santino devozionale: «Vera immagine di san Nicola di Bari», della fine dell'Ottocento, riproposto dal pittore con personalissima interpretazione della figura ed estrema vivacità dei colori.
L'iconografia originaria è forse da ricercare nella pala d'altare del XIX secolo della chiesa di San Nicola a Toritto, attribuibile alla bottega di Michele Montrone, che raffigura il santo con gli stessi miracoli dei fanciulli risuscitati e di Adeodato in basso ai lati.

Crocifissione

Olio su tela
XIX secolo
Anonimo

Vico del Lauro nr. 3 (cortile)

Sullo sfondo delle torri e delle mura di Gerusalemme, sotto un cielo carico di nubi tempestose e saette (allusione al temporale scatenato nell'ora della morte), il Crocifisso è raffigurato a sinistra del riquadro, di scorcio, quasi in una prospettiva teatrale.
Al lato della croce è la Maddalena, supplice, con le mani giunte e lo sguardo rivolto a Cristo, ricoperta di tunica azzurra e velo giallo (colori propri della sua comune raffigurazione iconografica). Il Cristo, ancora vivo sulla croce, coronato di spine, ha il corpo teso nello spasmo dell'agonia, avvolto soltanto dal sottile perizoma bianco.
Il dipinto, di chiara fattura popolare, pare ispirato, nel disegno complessivo della scena e nei colori, ad un telo da teatro, analogo ad esempio a quelli esposti nelle chiese dei Gesuiti in occasione dei riti liturgici del Venerdì Santo.
Così come, connessa al gruppo processionale dei Misteri del Calvario, è la rappresentazione del Cristo in croce e della Maddalena.
L'edicola religiosa conferma in questo esempio il suo stretto rapporto con la liturgia della Passione.

INRI

Madonna Odegitria

Affresco
XVIII secolo
Pittore pugliese

30

Corte Gianlorenzo (androne)

Entro un tabernacolo ligneo di gusto rinascimentale, l'affresco raffigura l'icona della Madonna di Costantinopoli, conservata nella cripta della Cattedrale, di cui è copia eccellente, probabilmente nel rifacimento del Porta.
La Vergine, a capo leggermente reclinato, è rivestita da un mantello verde azzurro, decorato da una croce-stella sulla spalla destra e da una tunica color rosa con striature biancastre, mentre regge il Bambino nudo, sulla cui mano destra è poggiato un uccellino.
Assisa su un trono a spalliera di color rosso vivo, indica con la mano destra il Bambino, «via, verità e vita», come significato dal nome stesso dell'Odegitria (colei che mostra la via).
Ignota è tuttora la sua collocazione originaria (forse all'interno di una cappella patrizia della Cattedrale), poiché l'affresco è una «pittura di reimpiego», un frammento di intonaco strappato da un riquadro di più ampie dimensioni, in cui forse era visibile tutto il trono su cui è assisa la Vergine.
È venuto di recente alla luce, durante i festeggiamenti in onore della Madonna di Costantinopoli del 1999, a seguito della rimozione della cromolitografia che lo copriva, databile alla fine del XIX secolo, attualmente custodita nella chiesa di San Giacomo (sacrestia), prodotta probabilmente in uno stabilimento litografico dell'Italia settentrionale (cfr. fig. *a fianco*).

Essa raffigura però la Madonna con Bambino secondo un modello iconografico vicino a quello bizantino della «Eleousa», che ritrae il Bambino in atteggiamento affettuoso, mentre tende le mani al collo della Madre, accostando la sua guancia al volto di lei. La cromolitografia è ammirabile per il disegno morbido ed elegante delle figure, le splendide e vivaci tonalità dei colori degli abiti (tunica rossa, mantello verde scuro, velo dalle bianche trasparenze), i decori (le vistose corone) e il gioco delle luci (piene sul volto) e delle ombre del fondo.

Madonna Immacolata

Formella in terracotta policroma
XX secolo
Bottega artigiana (Napoli o Lecce)

Corte Zeuli (androne)

In una delle corti più caratteristiche della città vecchia, l'edicola è stata apposta al lato dell'ingresso di quella che era forse un'antica chiesetta bizantina. La formella, anche se di fattura recente, piace per la sobria policromia dell'abito della Vergine e del cielo di fondo, coperto da nubi in basso e radioso in alto. L'Immacolata, rappresentata in preghiera, al di sopra di un emisfero e della mezzaluna, è colta mentre schiaccia con il piede destro il serpente, simbolo del male.
A pochi passi dall'edicola, nella stessa corte, si trovava un'antica litografia di fine Ottocento, di produzione svizzera, commissionata dalla ditta Vincenzo Guerra di Bari, raffigurante san Nicola benedicente sulla riva del mare fra i tre fanciulli e Adeodato (cfr. fig. *a fianco*), il cui disegno originario è forse del Montrone, sostituita purtroppo da una mediocre fotografia.

Crocifissione

Tempera su tavola
XVII-XVIII secolo
Pittore meridionale

32

Strada Re Manfredi nr. 48

La scena, scarsamente visibile per le cattive condizioni di conservazione, lascia però intravedere la figura del Crocifisso, di grande forza espressiva nel volto e di belle forme anatomiche nel corpo.
Anche l'Addolorata, vestita di tunica e mantello, con le mani giunte sul grembo, in una insolita iconografia, evidenzia analoghe caratteristiche. Ai piedi del Crocifisso è raffigurata la Maddalena, piegata su se stessa per la disperazione, mentre alle sue spalle emerge dal fondo scuro la figura di un soldato che osserva la scena con stupore.
Fra le fonti iconografiche comuni alla pittura dell'Oriente e dell'Occidente, nella *Ermeneutica della pittura* di Dionisio di Fournà, la scena di Crocifissione è descritta nel modo seguente: «Un monte e su di esso Cristo crocifisso e ai suoi due lati due ladroni crocifissi [...]. e in cima alla croce di Cristo era inchiodato un titolo con queste lettere: «I.N.R.I.»; e dal basso, a destra, un soldato, seduto su un cavallo, colpisce di lancia il costato destro di Cristo e da esso esce sangue ed acqua; e dietro di lui la Madre di Dio svenuta e gli altri portatori di profumi che la tengono; e Giovanni il Teologo in piedi accanto a lei con dolore ed ha la sua mano sulla guancia di lei; [...] e sotto la croce una piccola spelonca e in essa il cranio di Adamo e altre due ossa cosparse del sangue di Cristo, che scendeva dalle piaghe dei suoi piedi».
Tali particolari non sono purtroppo riconoscibili nella tavola, ma si può cogliere comunque nell'insieme della scena una tradizione colta, risalente alla pittura napoletana fra Seicento e Settecento.

San Nicola benedicente

Olio su rame
XIX-XX secolo
Vito Dentamaro

Via Vallisa nr. 23

Nell'andito di un'osteria di antica tradizione, luogo di aggregazione popolare da oltre un secolo, sulla parete di fondo è apposto un ovale raffigurante san Nicola a mezzo busto, in posizione frontale e benedicente alla latina. Il santo stringe nella mano destra il Vangelo con le tre sfere d'oro e il bacolo episcopale a riccio. L'abito riccamente ornato e il volto dal forte realismo sono illuminati da un fascio di luce proveniente da destra, che ne esalta le fattezze e i colori. L'effetto chiaroscurale si riflette soprattutto nel viso, segnato da una insolita caratterizzazione emotiva, nelle mani vivamente articolate e nel panneggio plasticamente morbido ed avvolgente, mettendo in rilievo la perfetta anatomia e la gradevolezza dei colori.
Il dipinto è certamente una delle opere più belle realizzate dal Dentamaro, analogo nel modello iconografico all'olio su rame di Vico II San Francesco della scarpa (cfr. vol. I, p. 78), dal quale si differenzia soltanto per l'aggiunta dei tre fanciulli nella tinozza. Un esempio di pittura colta, probabilmente derivata dalla frequentazione della bottega di Michele Montrone, aperta alle influenze della pittura napoletana di fine Settecento-inizio Ottocento.

San Sabino vescovo, compatrono di Bari

di Pasquale Ieva

Le sembianze fisiche

«Sabino, vescovo della città di Canosa, in vecchiaia già molto avanzata, divenuto cieco, non vedeva proprio più nulla». Così san Gregorio Magno papa (540-604), riferendo nel terzo libro dei *Dialoghi* l'episodio relativo a san Sabino a pranzo con il re Totila, a grandi tratti rappresenta le sembianze del vescovo.
Dai primi racconti, nonché da quelli riportati successivamente dall'Anonimo Canosino, dal Baronio, dal Beatillo, dal Bolland, dall'Ughelli, dal Di Cagno, dal Petroni, dal Paulicelli e da numerosi altri biografi locali, si può ritrarre più la personalità morale di san Sabino che quella fisica, non priva comunque dei tratti somatici più significativi.
Tutti gli autori si sono soffermati lungamente ad esaltare la sua santità, a lodare l'intensa attività di restauratore di chiese, a celebrare il gran numero di *uomini pii* che vantavano la sua fraterna amicizia, a stupire il lettore con «i prodigi che avvengono costantemente presso la sua tomba, così numerosi, che a narrarli si stancherebbero assai e lo scrittore e l'ascoltatore».
Qualità straordinarie che hanno contribuito a generare un'immagine ideale di veneranda figura di vecchio con barba fluente, con i paramenti episcopali e seduto in Cattedra a manifestare la potestà e la severità del suo ufficio.
Di conseguenza la tradizione iconografica sabiniana è segnata dalla prolungata senilità «trasferita» nelle opere degli artisti, i quali hanno sempre avuto riguardo a non abradere mai l'aspetto dignitoso, proprio della sua indole e modellato, comunque, dalla forgia «della sua santità di vita e della diligenza nell'esercizio dei suoi doveri pastorali».
Le sue immagini e quelle di altri «uomini perfetti e di virtù provata», per una immediata e facile individuazione, nell'arte figurativa sono state rappresentate quasi sempre con i rispettivi *attributi iconografici*; con quei «segni», cioè, che hanno caratterizzato profondamente la vita dei santi, attraverso cui è possibile leggere le «storie» che gli agiografi hanno pazientemente raccolto, ordinato, pubblicato.
A tal proposito, sul primo progetto ideato da H. Rosweyde (1569-1629), lo studioso gesuita belga Jean Bolland, il Bollandus (1596-1665), dà alle stampe i primi due volumi degli *Acta Sanctorum*, la monumentale opera in cui sono narrati, in ordine cronologico secondo il *dies natalis*, episodi della vita dei santi.
Un insieme di notizie raccolte di norma da prelati, le quali, non raramente, contengono avvenimenti poco attendibili, se non proprio favolosi, riportati con finalità edificanti e celebrative.
Corrispondente pugliese, in quel periodo, era il gesuita barese Antonio Beatillo che scrisse una *Vita* di san Sabino.
Della più antica effigie, purtroppo scomparsa, fa menzione l'Anonimo

San Sabino in trono: incisione tratta dalla *Relatio status Sanctae primatialis Ecclesiae Canusinae* di A.A. Tortora (1758).

A fronte: Tentativo di avvelenamento di san Sabino da parte dell'arcidiacono Vindemio: scomparto della pradella della *Pala di Orvieto*, dipinta da Giovanni Boccati nel 1473.

Canosino quando, evidenziando anch'egli la longevità del «santo uomo, logorato dalla lunga vecchiaia», accenna ad un suo ritratto in occasione della miracolosa guarigione del vescovo Pietro, al quale apparve «parlandogli quasi dal suo sepolcro e con lo stesso aspetto di vecchio, così com'era stato dipinto».

Fra storia e leggenda

Altra raffigurazione di cui si ha una preziosa testimonianza, e che ha influenzato la produzione grafica e artistica napoletana del Settecento e la successiva, è quella

relativa alla celebre visione durante la quale «a Sabino, immerso nel fervore della preghiera, apparve cinto di splendori sovrumani un Angelo, che lo incoraggiò a chiedere al Signore quel che voleva, perché lo avrebbe certamente ottenuto».
Avvenimento accaduto dopo che con altri cinque vescovi tra i quali Ecclesio di Ravenna, Eusebio di Fano e Germano di Capua, «accompagnò l'infelice papa Giovanni I nel famoso viaggio a Costantinopoli, di ritorno dal quale furono tutti gettati in prigione da Teodorico», infuriato per l'insuccesso della missione in Oriente, ordinata per difendere la causa degli ariani, a seguito dell'editto emanato dall'imperatore Giustino.
Un'antica e consolidata tradizione «afferma che scena e colloquio erano ritratti sulle più vetuste immagini di san Sabino», così come rappresentati in stampe d'epoca che riproducono l'immagine del grande quadro cinquecentesco di F. Palvisino nella Cattedrale di Canosa, superstite, con quello del 1761 del Musso, tra le altre tele scomparse con la raffigurazione del santo, in cui l'angelo esorta il vescovo a chiedere a Dio ciò che egli desiderava: «*Sabine, pete a Domine et impetrabis*» (Sabino, chiedi al Signore e l'otterrai).
Ad esse si ispirarono stampe devozionali ed incisioni (una inserita dal Tortora nella sua opera sulla Chiesa di Canosa), di produzione soprattutto napoletana, alcune delle quali di qualità grafica e fattura scadente.

L'iconografia

Con la realizzazione del busto reliquiario di san Sabino nell'anno 1767, commissionato agli argentieri napoletani F. e S. Manzone e fuso dallo scultore D.G. Sanmartino, le stampe e i simulacri seguono passo passo la nuova iconografia del santo, raffigurato non più seduto sulla Cattedra vescovile, ma a mezzo busto e poggiato su un basamento in metallo.
In questa nuova postura, è inserito nella scena un puttino che, volteggiando a fianco di san Sabino, gli offre un calice dal quale spunta un serpente.
È chiaro il riferimento all'episodio del tentativo di avvelenamento da parte del suo arcidiacono Vindemio che, bramoso di giungere all'episcopato, «all'ora di pranzo, quando l'uomo di Dio aveva preso posto a tavola, il servo, che si era lasciato adescare in forza della ricompensa, porse a Sabino la coppa di veleno che aveva ricevuto dall'arcidiacono».
Il santo, accortosi dell'inganno, gli ordina di andare dall'arcidiacono e di dirgli che egli avrebbe sì bevuto il veleno, ma Vindemio non sarebbe diventato mai vescovo.
Il servo, vistosi scoperto, piuttosto che subire la pena per il crimine, decide di punirsi ingerendo la bevanda avvelenata, ma viene fermato appena in tempo da san Sabino.
Per questo gli artisti, volendo forse «riscattare» la figura del servo infedele, ma pentito, iniziano a raffigurarlo con le sembianze di un angelo che porge il tossico al santo.
E tale, infatti, appare sia nelle immagini settecentesche sia in quelle successive,

Giuseppe Sanmartino, *Busto di San Sabino* (1767), argento a fusione: Cattedrale di Canosa (trafugato nel 1983).

riportando, altresì, alla memoria proprio la figura dell'angelo che parlò al vescovo di Canosa, quando questi era prigioniero di Teodorico.
Un «simbolo» ben definito e determinante per la liturgia, la quale riferendosi, appunto, al prodigio operato dal venerando vescovo di Canosa, indica san Sabino «come protettore dei veleni».
Successivamente, dovendo far eseguire la nuova statua di san Sabino, sempre in argento e in sostituzione di quella trafugata nel novembre del 1983, fu ordinato all'artista canosino Antonio Lomuscio di eliminare dalla raffigurazione

il calice con il serpente, perché considerati simbologie di una tradizione popolare oramai superata.
Con tale decisione fu cancellato, dalla nuova immagine di san Sabino, un particolare molto importante riferito da san Gregorio Magno, il quale nei *Dialoghi*, con il suo diacono Pietro, aveva creato le circostanze per un'ampia collocazione iconografica dell'*attributo*, che per molto tempo ha, invece, rappresentato il «segno di riconoscimento» più evidente, senza il quale sarebbe stato estremamente difficile identificare il vescovo di Canosa, fra gli innumerevoli santi vescovi raffigurati in dipinti e affreschi.
Tra le varie immagini di san Sabino, in cui sono evidenti gli *attributi iconografici principali*, quelli riferiti, cioè, agli abiti e alle insegne pontificali, anche la barba

A fronte: Statua di san Sabino, sul Portale maggiore della Cattedrale di Bari

assume significato non trascurabile, a seconda che essa sia scura o bianca, normale o lunga più del solito, proprio per rimarcare l'età molto avanzata del santo.
Nel bassorilievo policromo in pietra del XV secolo, conservato nella chiesa di San Ferdinando in Bari, san Sabino è scolpito con barba esageratamente lunga e folta per sottolineare la ragguardevole età rispetto a quella di san Nicola, con lui ai lati della Madonna di Costantinopoli, l'*Odegitria*, tutti e tre presenti nella composizione quali Compatroni.

Gli attributi iconografici

Sovente le immagini dei santi sono associate ad oggetti, animali, armi, persone, vegetali, simboli, per indicare e «narrare» un episodio rilevante della loro vita, come si è già detto, che compendiano visivamente le «motivazioni» per le quali essi sono stati scelti da Dio, proprio per la grande quantità degli *exempla* attraverso cui l'animo di chi ascolta «si sente ardere d'amore per la vita futura sull'esempio di chi ci ha preceduto».
Fino al secolo XVII, gli attributi iconografici di san Sabino sono solamente quelli riferiti al suo abbigliamento di vescovo, ossia i «simboli» che decretano visivamente la condizione e l'autorità della sua importante carica e delle sue particolari funzioni religiose e politiche: il *pastorale,* il *piviale* e la *mitra,* il *libro.*
Il *pastorale* è il lungo bastone con la parte superiore ricurva, chiamata riccio, consegnato ai vescovi durante il rito della ordinazione. Esso è usato nelle funzioni liturgiche e fa parte delle insegne proprie del vescovo che, con i «segni» della dignità e della potestà, diviene soprattutto pastore delle anime del suo popolo.
Anche la *mitra* è portata dai vescovi nelle funzioni liturgiche solenni ed ha forma schiacciata e bicuspidale con due fasce (le vitte o fanoni) che ricadono sulle spalle.
Nelle opere del Quattrocento ha forma lunata e può essere ornata di pietre preziose, fregiata di broccato d'oro o semplicemente con stoffa bianca di seta o di lino.
Il *piviale* è un'ampia veste di stoffa pregiata, di forma semicircolare e originariamente con cappuccio, aperta sul davanti e fissata sul petto da un grande fermaglio. Entrò nella liturgia tra VII e VIII secolo.
Il *libro* è il Vangelo, consegnato ai vescovi per diffondere la parola, i quali a loro volta lo aprono per svelarne i misteri.
San Gregorio Magno papa, nei *Dialoghi*, dice del libro: «Il Redentore, invero, fattosi uomo, con la sua morte, la sua resurrezione, la sua ascensione, ha svelato i misteri nascosti nella Parola rivelata. È non si trovò nessuno che fosse degno di aprirlo, né in cielo, né sulla terra, né sotto terra, perché né un angelo, né un uomo ancora vivente nella carne, né anime uscite dal corpo poterono svelarci i segreti della divina Parola, ma soltanto Dio».

Bibliografia

a cura di Liliana Plantamura

Abbate, F., *Storia dell'Arte nell'Italia Meridionale. Il Cinquecento*, Roma 2001.

Amendola, G., *La comunità illusoria. Disgregazione e marginalità urbana: il borgo antico di Bari*, Milano 1976.

Andreassi, G. - Radina, F. (a cura di), *Archeologia di una città. Bari dalle origini al X secolo*, Catalogo della Mostra (Bari, 1988), Bari 1988.

Annibali, F., *Roma edicole sacre. Madonne di strada*, «I Luoghi dell'Infinito», 30, 2000.

«Annuario Storico-Statistico-Commerciale di Bari e provincia», a cura di D. Mele di Gaetano, 2, 1882-83.

Anonimo Canosino, *Acta S. Sabini Episcopi Canusini.* in *Relatio status Sanctae primatialis Ecclesiae Canusinae*, Roma 1748.

Apollonj Ghetti, B.M., *Bari vecchia: contributo alla sua conoscenza e al suo restauro*, Bari 1972.

Baronio, C. (card.), *Notationes ad Martyrologium Romanum*, in *Relatio status Sanctae primatialis Ecclesiae Canusinae*, Roma 1748.

Barracane, G.- Cioffari, G., *Le chiese di Bari antica*, Bari 1989.

Basile Bonsante, M. - Barracane, G. (a cura di), *La Cattedrale di Bari*, Bari 1995.

Basile Bonsante, M., *Committenza ecclesiastica e arte sacra tra Cinque e Seicento*, in *Storia di Bari*, a cura di A. Massafra e F. Tateo, vol. III/2: *Nell'Antico Regime*, Roma-Bari 1992, pp. 249-71; *Episodi del Barocco e Rococò*, ivi, pp. 272-310.

Basile Bonsante, M., *Arte e devozione. Episodi di committenza meridionale tra Cinque e Seicento*, Galatina 2002.

Beatillo, A., *Historia della vita, morte, miracoli e traslazione del S. Confessore di Cristo Sabino, Vescovo di Canosa, protettore della città di Bari*, Napoli 1629.

Belli D'Elia, P. (a cura di), *Icone di Puglia e Basilicata dal Medioevo al Settecento*, Catalogo della Mostra (Bari 1988), Milano 1988.

Bertoldi Lenoci, L., *Le Confraternite postridentine nell'arcidiocesi di Bari. Fonti e documenti*, 1, Bari 1983.

Bertoldi Lenoci, L. (a cura di), *Le Confraternite pugliesi in età moderna*, Atti del II Seminario Internazionale di Studi (Bari, 1989), Fasano 1990.

Bertoldi Lenoci, L. (a cura di), *San Sabino: uomo di dialogo e di pace tra Oriente e Occidente. Anno Domini 2002*, Atti del Convegno di studi in occasione del 12° Centenario della traslazione del corpo di San Sabino e per i 900 anni di dedicazione della chiesa Cattedrale di Canosa (Canosa, 2001), Trieste 2002.

Bertoldi Lenoci, L., *Le Visite Pastorali alla Cattedrale di San Sabino: 1677 e 1706*, in AA.VV., *San Sabino. Uomo di dialogo e di pace tra Oriente ed Occidente. Anno Domini 2002*, Trieste 2002.

Beatillo, A., *Historia di Bari principal città della Puglia nel Regno di Napoli*, Napoli 1637 (rist. anast., Bologna 1978).

Boesch Gayano, S. - Scaraffia, L., *Luoghi sacri e spazi della santità*, Torino 1990.

Bolland, G. (Bollandus), *De S. Sabino Episcopo causino in Apulia*, in *Acta Sanctorum*, Febr. - Tom. II – Antuerpiae, prostand apud Joannem Baptistam Verdussen – Anno LDCLVIII.

Bux, N. (a cura di), *L'Odegitria della Cattedrale. Storia, arte, culto*, Bari 1995.

Cagiano de Azevedo, M., *Problemi archeologici dei Longobardi in Puglia e Lucania*, «Puglia Paleocristiana», 2, Galatina 1974, pp. 1-12.

Cagiano de Azevedo, M., *Considerazioni sulla cosiddetta «Foresteria» di Venosa*, «Puglia Paleocristiana», 3, Bari 1979, pp. 77-84.

Campione, A., *Sabino di Canosa tra storia e leggenda*, in AA.VV., *La tradizione barese di san Sabino di Canosa*, a cura di S. Palese, Bari 2001.

Cardini, F. (a cura di), *La Città e il sacro*, Milano 1994.

Cattabiani, A., *Santi d'Italia: vita, leggende, iconografia, feste, patronati, culto*, Milano 1999.

Cerinotti, A., *Atlante della storia della Chiesa: santi e beati di ieri e di oggi*, Bari 1999.

Cioffari, G., *S. Nicola e S. Sabino: storia della controversia fra la Cattedrale e la Basilica di S. Nicola sul patronato principale di Bari nei secoli XVII e XVIII*, «Bollettino di S. Nicola», 34, 5, 1985, pp. 3-19.

Cioffari, G. - Tripputi, A.M. - Scippa, M., *Agiografia in Puglia: i santi tra critica storica e devozione popolare*, Bari 1991.

Cioffari, G., *Stampa e stampe di San Nicola*, Bari 2000.

Cittadella nicolaiana. Un Progetto verso il 2000, Bari 2000.

Codice Diplomatico Barese, I: *Le Pergamene del Duomo di Bari* (952-1244), a cura di G.B. Nitto de Rossi e F. Nitti di Vito, Bari 1897, pp. 187-88.

Codice Diplomatico Barese, V: *Le Pergamene di S. Nicola di Bari: Periodo normanno* (1075-1194), a cura di F. Nitti di Vito, Bari 1902, pp. 181-83.

Costa, M.R., *Le edicole sacre di Napoli*, Roma 1998.

De Rosa, G., *La religione popolare*, Roma 1981.

De Rosa, G., *I codici di lettura del «vissuto religioso»*, in *Storia dell'Italia religiosa*, vol. II: *L'età moderna*, a cura di G. De Rosa, T. Gregory, A. Vauchez, Roma-Bari 1994, pp. 303-373.

Di Bari, D., *Bari: vicende urbanistiche del centro storico (1867-1967)*, Bari 1968.

Di Cagno, G. (can.), *Vita di S. Sabino vescovo di Canosa e Protettore principale della città di Bari pel cavaliere Giuseppe canonico Di Cagno*, edizione del testo e note a cura di Francesco Quarto, in *La tradizione barese di san Sabino di Canosa*, a cura di Salvatore Palese, Bari 2001.

Dionisio da Furnà, *Ermeneutica della Pittura*, a cura di G. Donato Grasso, Napoli 1971.

Favole, P., *Piazze d'Italia. Architettura e urbanistica della piazza in Italia*, Milano 1972.

Freedberg, D., *Il potere delle immagini. Il mondo delle figure: reazioni e emozioni del pubblico*, Torino 1993.

Gelao, C., *Il Museo di San Nicola*, Bari 1983.

Gelao, C. (a cura di), *Itinerari per Bari*

rinascimentale. I segni della storia, le carte, le pietre, le cose, 2, Bari 1984.

Gelao, C. (a cura di), *Confraternite - Arte e devozione in Puglia dal Quattrocento al Settecento,* Catalogo della Mostra (Bari, 1994), Napoli 1994.

Gentile, S. (a cura di), *Oriente cristiano e santità: figure e storie di santi tra Bisanzio e l'Occidente*, Catalogo della Mostra (Venezia, 1998), Milano 1998.

Ghirelli, M. (a cura di), *La Casbah araba. Itinerario nel cuore della città araba*, Catalogo della Mostra, Bari s.d.

Giovine, A., *Ricorrenze notevoli del popolino barese*, Bari 1966.

Gregorio Magno (papa), *Dialoghi*, Roma 2000.

Guidoni, E., *La città europea: formazione e significato dal IV all'XI secolo*, Milano 1978.

Guidoni, E., *La componente urbanistica islamica nella formazione delle città italiane*, in Gabrieli, F - Scerrato, U. (a cura di), *Gli Arabi in Italia: cultura, contatti e tradizioni*, Milano 1979, pp. 575-98.

Gulli Grigioni, E. - Pranzini, V., *Santini, piccole immagini devozionali a stampa e manufatte dal XVII al XX secolo*, Ravenna 1990.

Hall, J., *Dizionario dei soggetti e dei simboli nell'arte*, Milano 1983.

Huin, B., *Imagerie populaire française au Musée d'Epinal*, Lyon 1988.

Ieva, P., *1783 Canosa pittoresca*, Lavello 2001.

Koehler, T., *Storia della Mariologia*, in *Nuovo Dizionario di Mariologia*, a cura di S. De Flores - S. Meo, Milano 1986, pp. 1385-405.

Lavermicocca, N. (a cura di), *Il segno del culto: San Nicola, arte, iconografia e religiosità popolare*, Bari 1987.

Lavermicocca, N., *I Longobardi a Bari*, in *Archeologia di una città*, cit., pp. 523-26.

Lavermicocca, N., *Da Bari verso l'Europa: l'Europa di San Nicola (Itinerari di storia e cultura),* in *Bari, la città di San Nicola*, Bari 1999. pp. 103-40.

Lavermicocca, N., *Bari vecchia*, Bari 2001.

Lentini, A., *Sabino, vescovo di Canosa, santo*, in AA.VV., *Biblioteca Sanctorum*, Roma 1998.

Lucatuorto, G., *La città di San Nicola*, Bari s.d.

Lucatuorto, G. - Spagnoletti, M., *San Nicola di Mira nelle immagini*, Fasano 1984.

Mauro, R., *A spasso per Bari vecchia. Guida per piccoli turisti*, Bari 2001.

Milano, N., *Le chiese della diocesi di Bari*, Bari 1982.

Montanari, M., *Convivio. Storia e cultura dei piaceri della tavola*, Roma-Bari 1989.

Niccoli, O., *La vita religiosa nell'Italia moderna. Secoli XV-XVIII*, Roma 1998.

Nitti Di Vito, F.S., *La Basilica di S. Nicola di Bari. Guida storico-artistica*, Bari 1939.

Nitti Di Vito, F.S., *Le questioni giurisdizionali tra la Basilica di San Nicola e il Duomo di Bari (1087-1929)*, Bari 1933.

Otranto, G., *Italia meridionale e Puglia paleocristiana. Saggi storici*, Bari 1991.

Palese, S. (a cura di), *La tradizione barese di S. Sabino di Canosa*, Bari 2001.

Pasculli Ferrara, M., *Paolo de Matteis in Puglia e l'evoluzione della grande decorazione barocca*, in *Atlante del Barocco in Italia. Terra di Bari e Capitanata*, a cura di V. Cazzato, M. Fagiolo e M. Pasculli Ferrara, Roma 1996.

Pasculli Ferrara, M., (a cura di), *Itinerari in Puglia tra Arte e Spiritualità*, Roma 2000.

Paulicelli, A., *San Sabino nella storia di Canosa*, Bari 1967.

Pellegrino, B. - Gaudioso, F. (a cura di), *Ordini religiosi e società nel Mezzogiorno moderno*, Atti del Seminario di studio (Lecce, 1986), Galatina 1987.

Pellegrino, M., *La presenza della Chiesa prima e dopo il Concilio di Trento (secoli XV-XVII)*, in *Storia della Puglia*, a cura di A. Massafra e B. Salvemini, 3, Roma-Bari 1999, pp. 96-118.

Perotti, A., *Bari dei nostri nonni*, Bari 1975 (rist. anast.).

Petrignani, M. - Porsia, F., *Bari*, Roma-Bari 1982.

Petroni, G., *Della Storia di Bari dagli antichi tempi sino all'anno 1856*, libri 3, Napoli 1837.

Petroni, V., *Notizie istoriche critiche della vita, miracoli, traslazione e deposito del glorioso San Sabino, Vescovo di Canosa*, Napoli 1821.

Pinto, G., *«Translationis Historia imaginis Mariae Virginis». Apocrifo del sec. XVIII*, «Quaderni dell'Istituto di Scienze storico-politiche della Facoltà di Magistero», Bari, III, 1983-84, pp. 99-128.

Pittura votiva e stampe popolari, Milano 1987.

Sada, L., *I tabernacoli baresi dell'onesto peccato*, Bari 1972.

Schmidt, H. e M., *Il linguaggio delle immagini: iconografia cristiana*, Roma 1988.

Settis, S., *Civiltà dei Romani: la città, il territorio, l'Impero*, Milano 1990.

Sisto, P., *Arte della stampa e produzione libraria a Bari. Secoli XVI-XIX*, Fasano 1994.

Sisto, P., *L'iniziativa intellettuale: indirizzi e tematiche dell'editoria nell'età della Riforma cattolica*, in *Storia di Bari*, vol. III/2: *Nell'Antico Regime*, a cura di A. Massafra e F. Tateo, Bari 1992, pp. 192-222.

Strich, M.-J., *La légende de Saint-Nicolas*, Rennes 1998.

Tortora, A.A., *Relatio status Sanctae primatialis Ecclesiae Canusinae*, Roma 1758.

Tripputi, A.M., *Popoli e Santi*, in *Santi di Casa nostra*, Monopoli 1996, pp. 166-83.

Ughelli, F., *Italia sacra*, t. VII, Venezia 1721.

Van Laarhoven, J., *Storia dell'arte cristiana*, Milano 1999.

Veniero, F., *Il Nicolò di Mira, l'arcivescovo patrono e tutelare della città di Bari: historia della di lui miracolosa vita, gloria e traslazione*, Bari 1669.

Vicoli e Santi: San Nicola nelle edicole religiose della città vecchia di Bari, Bari 1982.

Zovatto, P., *Nuove forme di religiosità popolare tra Sette e Ottocento*, in *Storia dell'Italia religiosa*, vol. II: *L'età moderna*, a cura di G. De Rosa, T. Gregory, A. Vauchez, Roma 1993, pp. 393-418.

Indice del volume

Catalogo

annotazioni

annotazioni

annotazioni

annotazioni